“十二五”辽宁省重点图书出版规划项目

国家自然科学基金项目（71962011）
江西省自然科学基金项目（20192BAA208016）研究成果
华东交通大学教材（专著）基金资助项目

第17辑

三友会计论丛

SUNYO ACADEMIC SERIES IN ACCOUNTING

U0861874

Research on the Accounting Firms' Organizational Form Transformation, Auditor's Knowledge Capital and Audit Quality

会计师事务所转制、审计师知识资本与审计质量研究

唐衍军 著

东北财经大学出版社
Dongbei University of Finance & Economics Press
大连

图书在版编目（CIP）数据

会计师事务所转制、审计师知识资本与审计质量研究 / 唐衍军著. —大连 ：东北财经大学出版社，2020.6
（三友会计论丛 · 第 17 辑）
ISBN 978-7-5654-3848-6

Ⅰ. 会… Ⅱ. 唐… Ⅲ. ①会计师事务所-经济体制改革-研究-中国 ②审计人员-知识管理-研究-中国 ③审计-质量管理-研究-中国 Ⅳ. ①F233.2 ②F239.22

中国版本图书馆CIP数据核字（2020）第069890号

东北财经大学出版社出版
(大连市黑石礁尖山街217号 邮政编码 116025)
网 址：http：//www.dufep.cn
读者信箱：dufep@dufe.edu.cn

大连永盛印业有限公司印刷 东北财经大学出版社发行

幅面尺寸：170mm×240mm 字数：174千字 印张：12 插页：1
2020年6月第1版 2020年6月第1次印刷

责任编辑：王 莹 孔利利 责任校对：荔 众
封面设计：冀贵收 版式设计：钟福建

定价：42.00元

教学支持 售后服务 联系电话：（0411）84710309

如有印装质量问题，请联系营销部：（0411）84710711

出版者的话

随着我国以社会主义市场经济体制为取向的会计改革与发展的不断深入，会计基础理论研究的薄弱和滞后已经产生了越来越明显的“瓶颈”效应。这对于广大会计研究人员而言，既是严峻的挑战，又是难得的机遇。说它是“挑战”，主要是强调相关理论研究的紧迫性和艰巨性，因为许多实践问题急需相应的理论指导，而这些实践和理论在我国又都是新生的，没有现成的经验和理论可资借鉴；说它是“机遇”，主要是强调在经济体制转轨的特定时期，往往最有可能出现“百花齐放，百家争鸣”的昌明景象，步入“名家辈出，名作纷呈”的理论研究繁荣期和活跃期。

迎接“挑战”，抓住“机遇”，是每一个中国会计改革与发展的参与者和支持者义不容辞的责任。为此，我们与中国会计学会财务成本分会、东北财经大学会计学院联合创办了一个非营利的学术研究机构——三友会计研究所，力求实现学术团体、教学单位、出版机构三方的优势互补，密切联系老、中、青三代会计工作者，发挥理论界、实务界、教育界的积极性，致力于会计、财务、审计三个领域的科学研究和专业服务，以期为我国的会计改革与发展做出应有的贡献。

三友会计研究所的重大行动之一就是设立了“三友会计著作基金”，用于资助出版“三友会计论丛”。它旨在荟萃名人力作及新人佳作，传播会计、财务、审计研究与实践的最新成果与动态。“三友会计论丛”于1996年推出第一批著作；自1997年起，本论丛定期遴选并分辑推出。

采取这种多方联合、协同运作的方法，如此大规模地遴选、出版会计著作，在国内尚属首次，其艰难程度不言而喻。为此，我们殷切地希望广大会计界同仁给予热情支持和扶助，无论作为作者、读者，还是作为评论者、建议者，您的付出都将激励我们把“三友会计论丛”的出版工作坚持下去，越做越好！

东北财经大学出版社

三友会计论丛编审委员会

前言

独立审计是资本市场规制的一项重要制度安排，会计师事务所作为审计业务执行的主体，在实现自身发展的同时还需要提高审计质量，从而维护会计信息安全，保障资本市场有效运转。我国注册会计师行业自1980年恢复重建后，一直在探索审计质量提升与可持续发展之路，会计师事务所组织形式选择是其中的一个重要方面。自《国务院办公厅转发财政部关于加快发展我国注册会计师行业若干意见的通知》（国办发〔2009〕56号）颁布实施以来，截至目前国内大中型会计师事务所普遍完成了以特殊普通合伙转制为主要内容的组织形式转换。转制的顺利完成为我国注册会计师行业国际化发展战略的实现奠定了良好的基础，成为行业发展史上一次具有里程碑意义的重大变革。审计质量是关乎注册会计师行业生存和发展的根本，会计师事务所转制是否有助于提高审计质量，成为行业监管部门和社会各界共同关注的问题。

公司制与合伙制两种基本企业组织形式之间的差异不仅表现在外在的风险承担方式上，而且存在于内部决策权配置与收益分配机制中。会计师事务所转制所引起的治理结构下权责分配机制的变化，不仅影响会计师事务所的整体风险意识和质量控制，而且对于审计师的执业行为和工作态度有着更为直接的影响。各国（地区）的审计实践充分表明，维持高质量审计服务并对客户公司会计信息披露质量进行合理保证，是会计师事务所获得市场声誉和竞争优势的基础，而这一切又与审计师的知识资本水平及其执业审慎性密切相关。知识资本不仅具有很强的价值创造力，而且能够在被运用于实践的过程中实现其自身价值的增值，有助于审计师获取和积累新的更具创造力的知识和技能。高知识资本审计师具有较强的能动性与学习能力，对知识资本的运用能力也更强，会计师事务所需要对他们的专用性投资进行有效激励，以更好地发挥知识资本的动态增值性与价值创造力。会计师事务所组织形式及其治理结构中所内含的激励与约束机制，是影响审计师有效获取知识并运用专业知识和技能进行高质量执业活动的一个重要因素。将会计师事务所转制及其审计质量提高效应研究拓展到审计师个体层面，并进而对审计师知识资本与审计质量之间的关系进行动态考察，其理论意义与现实意义都较为重要。

本书由审计师知识资本的动态特征入手，分析知识资本运用过程中的能动创造性与动态增值作用实现的路径，考察会计师事务所转制前后激励与约束机制的整体差异对知识资本创造以致审计质量提高的影响效果。第一，基于决策权配置、收益分配与风险承担等权责分配机制变化的多重视角，对会计师事务所转制与审计质量之间的关系做了系统考察；第二，将研究视角拓展到审计师个体层面，探讨在会计师事务所转制背景下的知识资本与审计质量之间的动态关系，揭示在不同治理结构下的权责分配机制差异对审计师行为以及审计质量的影响；第三，在理论分析与数理模型推导的基础上，提出会计师事务所转制、审计师知识资本与审计质量之间关系的基础命题；第四，以基础命题为依据进行演绎推理，提出具体的待检验假说，并基于我国特定的经济环境和制度背景设定合理的计量检验模型，选取2007年至2015年之间沪深A股上市公司的财务报告及相应的审计报告为初始研究样本，对待检验假说进行实证检验，并基于实证分析结果得出具体的研究结论。

本书的研究意义体现在三个方面：第一，本书基于会计师事务所内部决策权配置、收益分配与风险承担等权责配置机制的多重视角，对会计师事务所转制与审计质量之间的关系做出系统和动态的分析与研究，将会计师事务所转制的审计质量提高效应予以整体呈现，从而有助于深化会计师事务所治理结构及激励机制对审计质量影响的理论认识。第二，本书通过教育水平和执业经验两个基本维度，考察审计师知识资本与审计质量之间的关系，并以会计师事务所转制所引起的激励与约束机制变化为视角，通过对审计师知识资本运用与增值过程的考察，系统分析审计师知识资本实现动态增值的作用路径与审计质量提升的内在机理，是对审计质量领域相关研究的动态深化。第三，本书研究聚焦于会计师事务所内部激励与约束机制的动态变化，对审计师知识资本与审计质量之间的关系进行动态研究，有助于提高对会计师事务所内部治理与外部监管机制设计实施及其作用的理论认识，推动注册会计师行业不断提高审计服务质量，实现内涵式可持续发展。本书研究不仅有助于深化对审计质量形成与提升机理以及知识型企业治理的认识，同时也为注册会计师行业规制和发展政策的制定与评估提供了理论依据。

唐衍军

2020年1月

目 录

第 1 章

导论

1.1 研究背景与意义

1.1.1 研究背景

20世纪80年代以来世界经济形态逐步由工业经济向知识经济过渡，知识资本在经济社会发展中的地位越来越重要。知识资本为知识型员工个人禀赋与企业能力相连接搭建了舞台（Rasmussen等，2011），会计师事务所等知识资本密集型专业服务企业在过去30年快速发展，已成为当今全球经济发展的主要驱动力量（Empson等，2015）。独立审计是资本市场规制的一项重要制度安排，会计师事务所作为审计业务执行的主体，在实现自身发展的同时能否持续提高审计质量从而维护会计及经济信息安全、保障资本市场有效运转，已经成为社会各界共同关注的问题。

审计质量取决于审计师的能力和独立性，而这两个要素都完全取决于审计师自身（谭楚月和段宏，2014）。审计师自身所具有的专业知识和经验是影响其执业审慎性的重要因素（孙岩和贾万聪，2017），其在“干中学”过程中所获得的客户知识也构成了一种对审计执业活动正常开展起关键性作用的隐性知识（唐衍军，2017）。审计专业人员所具备的知识和技能有助于提高其发现客户在财务报表中存在问题的能力（刘笑霞和李明辉，2012），是会计师事务所提高审计服务质量的重要保障（Gul等，2013；闫焕民，2016；韩维芳，2017）。各国（地区）的审计实践同样表明，维持高质量审计服务并对客户公司会计信息的公允性进行合理保证，是会计师事务所获得市场声誉和竞争优势的基础，而这一切又与审计师的知识资本水平以及执业审慎性密切相关。

知识资本不仅是静态的，而且包括有效利用知识的动态过程（Galbraith，1969），审计师的专业技能本质上是将知识运用于实践，以及运用知识解决问题的能力（陈毓圭，2015）。知识资本不仅具有很强的价值创造力，而且能够在被运用于实践的过程中实现其自身价值的增值，有助于审计师获取和积累新的更具创造力的知识和技能，在公司治理中激励永远是第一位的（王传彬等，2016）。审计师进行高质量执业活动及其通过“干中学”增加知识资本的努力需要有组织层面的激励。会计师事务所组织形式及其治理结构中所内含的激励与约束机制，是影响审计师有效获取及运用专业知识和技能、提高审计服务质量的一个重要因素，将会计师事务所组织形式之间的差异这一制度因素作为前置变量，对审计师知识资本与审计质量之间关系进行动态研究，不仅十分必要而且有重要的现实意义。

我国注册会计师行业自1980年恢复重建后，一直在探索审计质量提升与可持续发展之路，会计师事务所组织形式选择是其中的一个重要方面。早期的会计师事务所多数采用了有限责任公司制组织形式。然而公司制下的股东仅以出资额为限对共同债务承担有限责任，不利于审计师执业审慎性的保持，无法保证审计质量；出资人数量50人以内的限制，更不利于会计师事务所的规模化发展。20世纪90年代美国有限责任合伙的立法进程，为我国会计师事务所的组织形式发展带来了有益启示。中国注册会计师协会成立了有限责任合伙立法课题组，并积极推动合伙立法工作。2006年修订的《中华人民共和国合伙企业法》（以下简称《合伙企业法》）第五十五条规定：“以专业知识和专门技能为客户提供有偿服务的专业服务机构，可以设立为特殊的普通合伙企业。”这一规定为我国会计师事务所采用特殊普通合伙制组织形式扫除了法律障碍。财政部、原国家工商行政管理总局于2010年1月联合发布了《关于推动大中型会计师事务所采用特殊普通合伙组织形式的暂行规定》，大力推行特殊普通合伙制。在此背景下，国内大型会计师事务所和证券资格会计师事务所在2013年年底全部完成工商注册，采用了特殊普通合伙制组织形式。

公司制与合伙制组织形式在内部权责分配方面的差异，主要体现在决策权配置、收益分配方式以及风险承担方式等方面。有关会计师事务所转制对审计质量影响的现有文献大都仅从法律责任视角单独展开分析（蒋尧明和唐衍军，2015；傅绍正等，2016；孔宁宁和李雪，2016；何洁琳等，2017），而较少关注转制前后决策权配置与收益分配方式方面的差异对审计师的影响。会计师事务所治理结构的设计必须有利于解决审计师进行专用性资产投资的激励问题（余玉苗和陈波，2002）。会计师事务所转制所引起的治理结构下权责分配机制的整体变化，会导致审计师产生对知识资本专用性投资激励效果的差异，进而对审计质量产生影响。本书拟通过对会计师事务所转制所引起的权责分配机制变化进行系统分析，进一步揭示审计师知识资本积累及其与审计质量之间关系的内在机理，从而深化和拓展审计质量领域的理论研究。

1.1.2　研究意义

本书立足于我国大中型会计师事务所特殊普通合伙转制这一重要制度背景，从决策权配置、收益分配与风险承担等权责配置机制的多重视角，对会计师事务所转制与审计质量之间的关系进行系统分析，在组织结构层面深化对审计质量影响因素的认识，有助于增进对审计质量提升机理的全面理解；并进一步将研究视角深入审计师个人层面探讨知识资本与审计质量之间的关系，将这一关系嵌入到会计师事务所转制所引起的激励与约束机制变化之中进行动态考察，揭示不同治理结构下权责分配机制差异对审计师行为以及审计质量的影响，在进行理论拓展的同时也为注册会计师行业组织及监管部门的政策制定与评估提供理论依据。具体来说，本书的研究意义主要体现在以下三个方面：

第一，本书基于会计师事务所内部决策权配置、收益分配与风险承担等权责配置机制的多重视角，对会计师事务所转制与审计质量之间的关系进行系统分析，在组织结构层面深化对审计质量影响因素的认识，有助于增进对审计质量提升机理的全面理解。在实证研究方面，以已完成转制工作的具有证券资格的会计师事务所为样本，选用审计质量的多个度量指标，对会计师事务所转制与审计质量之间的关系做出动态实证分析，并且在分析和验证会计师事务所转制对审计质量的正面影响基础效应的同时，进一步将客户公司的法律风险纳入考量范围，对会计师事务所转制所引起的审计师风险意识提升效果及其对审计质量的影响进行动态实证考察，以期能够使得会计师事务所转制的审计质量提高效应得以整体呈现，从而深化会计师事务所治理结构与激励机制及其对审计质量影响机理的理论认识。

第二，本书通过教育水平和执业经验两个基本维度，考察审计师知识资本与审计质量之间的关系，并基于会计师事务所转制的时代背景对其进行动态研究。首先，审计师的专业知识在很大程度上来自于正规的学校教育，对审计师的教育背景与审计质量之间的关系进行研究，不仅能够由知识资本视角推进审计质量问题的相关研究，而且能够为行业人才培养与知识资本积累提供经验证据。其次，审计师在“干中学”的过程中所获得的执业经验是一种具有很高价值创造力的隐性知识资本。对审计师的执业经验与审计质量之间的关系进行研究，可以增进审计师对会计师事务所内部激励机制的认识，有助于通过激励促使审计师努力执业，进而解决团队生产中的偷懒和“搭便车”问题。再次，本书以会计师事务所转制所引起的激励与约束机制变化为背景，聚焦于审计师知识资本的运用与增值过程，结合知识资本的动态特征探讨审计质量的提升路径，是对审计质量形成与提升机理研究的动态深化。

第三，学者们普遍认为，在公司治理中，激励永远是第一位的（王传彬等，2016）。但对于由知识型员工组成的会计师事务所而言，激励机制的设计与实施又有其特殊性。审计师作为知识型员工具有强烈的自我价值实现愿望，需要通过激励机制设计满足其高层次的个体需求。审计师知识资本在增加自身价值的同时，其收益不仅不会递减反而会递增，具有能动创造性与动态增值性的特征。因而会计师事务所的激励机制设计，需要重点解决专用性资产投资激励问题，以促使审计师更好发挥其主观能动性，不断提高自身的知识资本水平，从整体上促进会计师事务所审计质量的提升。本书研究有助于深化对会计师事务所治理及知识型员工激励的理论认识，对于推动注册会计师行业发展具有重要的指导意义。另外一层意义：通过对特殊普通合伙制会计师事务所内部权责分配机制的系统考察，将合伙制这一古老的组织形式的理论研究推向深入，也是对现代企业理论的丰富和发展。

1.2　研究思路与方法

1.2.1　研究思路

本书拟在对相关文献进行梳理的基础上，进一步运用归纳演绎、数理模型推演等方法进行基本理论分析，并通过数理统计与数据分析等方法进行实证研究，对由理论模型推导出的命题进行系统检验，具体的研究技术路线如图1-1所示。

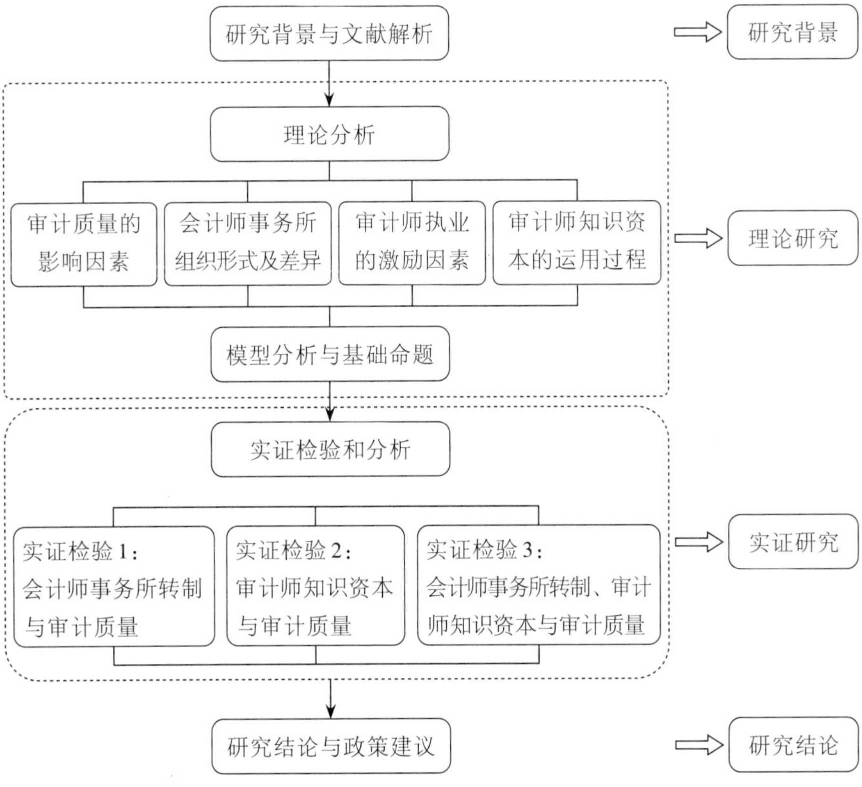

图1-1　研究技术路线图

具体研究思路：第一，依据我国注册会计师行业的制度背景对国内外相关研究成果进行梳理。第二，对本书研究所涉及的重要概念予以明确并阐明本书的理论基础及其借鉴意义。其中，审计质量内涵与影响因素分析为后续理论分析展开及计量模型设定提供了依据，对审计师知识资本内涵与特征的准确解读为后文的理论分析做了重要铺垫，会计师事务所转制概念界定与组织形式差异分析更是为理论分析部分奠定了直接基础。第三，分析会计师事务所转制、审计师知识资本与审计质量之间的关系，理论阐述与模型分析相结合，进而提出对后文的实证研究部分起到统领作用的三个基础命题。第四，设定计量模型，运用数理统计与数据分析等方法，分别对上述三个基础命题进行实证检验。第五，研究结论与政策建议。

1.2.2 研究方法

本书在理论和实证分析过程中所采用的研究方法主要有以下几种：

第一，文献研究法。文献研究法为本书研究过程中的文献搜集、鉴别和整理提供方法指导，并为问题提出、理论框架建立、研究设计等提供方法依据。鉴于本书研究涉及经济学、管理学、组织行为学等多个理论领域，国内外学者的相关研究涉及面广且分散，采用文献研究法对现有的文献进行全面梳理，厘清国内外学者在知识资本、组织行为、员工激励、公司治理、审计质量等方面的相关研究中所取得的成果，并对其进行归纳和总结，明确这些变量的内容，理顺它们之间的逻辑关系，构建研究模型框架，从而为研究奠定良好的文献基础。

第二，归纳与比较分析法。本书理论分析部分多处应用了归纳与比较分析法。在归纳与比较有关审计质量概念现有观点的基础上，对审计质量概念做出准确界定；归纳并总结了审计师知识资本的内涵与特征，从而为后文的进一步理论分析做出重要铺垫；对公司制与合伙制两种组织形式的特点做了归纳，同时对两者在内部权责分配方面的差异进行比较，为后文的理论分析和演绎推理的展开奠定了基础；为了将相关概念予以明确以便满足理论分析的需要，对合伙制范畴下的几种现有组织形式及其特点做了提炼，并对它们之间的区别与联系进行了归纳。

第三，演绎推理法。本书以企业知识基础观与动态能力理论、知识集成理论、知识治理理论以及高阶梯队理论为主要理论依据，在系统分析审计质量内涵及其影响因素的基础上，根据对审计师知识资本特征、会计师事务所组织形式之间的差异等方面归纳和比较所提炼出来的观点，通过演绎推理阐明会计师事务所转制、审计师知识资本与审计质量之间的关系，演绎推理的过程和结论对数理模型构建与分析具有指导作用。

第四，数理模型分析法。数理模型分析法可以使理论推演过程简洁清晰，并且能够使推理过程和结论更加具有条理性。本书在借鉴相关研究的基础上，将审计质量输出纳入审计师执业团队生产过程，运用数理模型推演与分析的方法，论证会计师事务所转制、审计师知识资本与审计质量之间的关系，并进而提出基础命题为实证分析章节的具体研究假说提供理论依据。

第五，实证检验法。实证检验法为规范分析的推断提供经验证据上的支持或否定。本书采用会计师事务所审计的沪深A股上市公司财务报告和所出具的审计报告为研究样本，在合理设计研究变量与计量模型的基础上，采用Stata和Amos统计分析软件对根据基础命题所提出的具体研究假说分别进行实证检验。为保证研究结论的稳健性并进一步拓展研究结论，本书实证研究章节还在主测试的基础上对研究结论分别做了进一步分析和稳健性测试。

1.3 研究内容与结构安排

1.3.1 研究内容

本书的研究内容主要包括会计师事务所转制对审计质量的影响、审计师知识资本与审计质量之间的关系以及会计师事务所转制对于知识资本与审计质量之间关系的增强作用。具体来说，本书的研究内容主要包括以下几个方面：

第一，国内外相关研究成果梳理与研究现状分析。有关会计师事务所转制与审计质量之间关系的理论与实证研究为本书提供了文献支持，但将会计师事务所转制与审计师知识资本两个要素统一起来进行审计质量方面研究的文献却很少。近年来国内外有关审计质量的研究，正逐步由会计师事务所整体层面推进到分所层面并进一步延伸到审计师个人层面，这些研究背景都为本书研究提供了有益的参照。国内外有关专业服务企业治理及其绩效方面的研究文献也对本书有重要借鉴意义。

第二，会计师事务所转制对审计质量的影响研究。本书从公司制与合伙制两种组织形式在内部权责分配方面的差异入手，经由会计师事务所内部决策权配置、收益分配与风险承担等多重视角，对会计师事务所转制与审计质量之间的关系进行系统分析，并通过数理模型推导与分析提出基础命题。然后对基础命题进行理论演绎提出具体的待检验假说，并利用大样本档案数据对假说进行实证检验，进而形成会计师事务所转制与审计质量之间关系的研究结论。

第三，审计师知识资本与审计质量之间关系的研究。由分析提炼审计师知识资本的内涵与特征入手，对以教育水平和执业经验为代表的知识资本两个维度进行重点分析，通过理论推导与数理模型推演提出基础命题。然后对基础命题进行理论演绎提出具体的待检验假说，对两个维度的审计师知识资本逐一进行科学量化，并利用大样本档案数据对研究假说进行实证分析，形成审计师知识资本与审计质量之间关系的研究结论。

第四，会计师事务所转制、审计师知识资本与审计质量研究。紧紧围绕审计师知识资本的内涵与特征，考察会计师事务所转制所引起的激励机制变化对高知识资本审计师的激励效果，以专用性投资激励作用下审计师的知识资本积累与技能提升为分析视角探讨审计质量提升之道，并通过数理模型分析提出基础命题。然后对命题进行理论演绎提出具体的待检验假说，利用大样本档案数据对研究假说进行实证分析，验证会计师事务所转制、审计师知识资本与审计质量之间的关系，最后形成研究结论。

第五，汇总研究结论并结合我国注册会计师行业规制与发展以及行业人才培养现状，在优化独立审计权责结构、完善会计师事务所知识治理以及加强行业人才培养等方面，提出适应行业发展并符合我国经济、制度环境的意见与建议。

1.3.2　结构安排

本书共分为8章，具体的篇章结构安排如下：

第1章，导论。本章主要阐述本书研究的背景和意义，明确文章的研究思路和研究方法，介绍文章的研究内容和结构框架，同时对本书的研究创新和不足之处予以说明。

第2章，文献综述。本章主要从以下两个方面梳理国内外相关文献：会计师事务所转制对审计质量影响的研究，审计师知识资本与审计质量之间关系的研究；最后是文献评述。

第3章，会计师事务所转制、审计师知识资本与审计质量的理论概述。本章首先是对审计质量这一实证章节主要被解释变量进行界定，分析审计质量的主要影响因素并明确它的主要度量指标；其次对作为主要解释变量的审计师知识资本进行解读，并明确其主要的衡量维度与度量指标；再次对会计师事务所转制的概念进行界定，并对会计师事务所的组织形式及其治理结构在转制前后的差异进行比较分析；最后阐明本书的理论基础及其借鉴意义。

第4章，会计师事务所转制、审计师知识资本与审计质量的机理分析。本章主要运用理论演绎与数理模型分析相结合的方法，提出对后续三个实证章节分别能起到统御作用的三个基础命题。本章首先以决策权配置、利润分享、法律责任为视角分析会计师事务所转制对审计质量的影响；其次是在教育水平和执业经验两个维度下对审计师知识资本与审计质量之间静态关系进行分析；再次由审计师知识资本的动态特征入手分析审计质量提升的逻辑路径，进而探讨在会计师事务所转制引起的激励与约束机制变化的环境下审计师知识资本积累与审计质量提升之道；最后是本章小结。

第5章，会计师事务所转制与审计质量的实证检验。本章首先根据前文理论分析所得的结论与推导出的基础命题，进一步提出本章的待检验假说；其次是样本选择、变量定义与计量模型设定方面的研究设计；再次是实证结果与分析；然后是对研究结论做进一步分析和稳健性测试；最后是本章小结。

第6章，审计师知识资本与审计质量的实证检验。本章主要包括理论分析与假设提出、研究设计、实证结果与分析、进一步分析和稳健性测试等，以及最后对本章内容进行概要回顾与总结。

第7章，会计师事务所转制、审计师知识资本与审计质量的实证检验。本章首先根据前文理论分析所得出的结论与推导出的基础命题，进一步提出本章的待检验假说；其次是研究设计与实证结果分析；然后对研究结论做进一步分析和稳健性测试；最后是本章小结。

第8章，研究结论与政策建议。

1.4 研究创新与不足

1.4.1 研究创新

本书基于我国大中型会计师事务所特殊普通合伙转制的时代背景，以知识基础观与动态能力理论、知识集成理论、知识治理理论以及高阶梯队理论为基础，采用规范分析与实证研究相结合的方法，对会计师事务所转制、审计师知识资本与审计质量三者之间的关系进行了深入研究，在研究视角、研究内容与研究结论等方面都有一些创新之处：

第一，不同于由静态层面检验审计师特征对审计质量影响的现有文献，本书聚焦于审计师在执业过程中知识资本的运用与增值过程，由知识资本能动创造性与动态增值性视角的分析入手，对审计师知识资本与审计质量之间的关系进行动态研究。审计执业活动是一种动态过程，高质量审计服务不仅依靠知识资本等审计师个人禀赋，更有赖于审计师对知识资本的运用能力以及个体执业努力程度。审计师努力执业并有效运用知识资本提高审计质量的动机需要来自组织层面的激励。会计师事务所转制所引起的激励与约束机制变化，是审计师个人禀赋与审计质量输出之间的一个重要激励因素。本书系统地分析了会计师事务所转制前后在治理结构与治理机制方面的变化，并紧扣知识资本的能动创造性与动态增值性特征，分析了合伙制组织形式下新的激励与约束机制对知识资本动态增值作用实现的促进作用，从而深刻揭示了审计师知识资本与审计质量之间关系的内在机理。

第二，不同于现有文献偏重于外在法律责任变化的单维度分析，本书基于决策权配置、收益分配、风险承担方式以及晋升机制等多重视角，考察了会计师事务所转制对知识型员工的激励作用，并系统揭示了会计师事务所转制的审计质量提高效应的内在机理。会计师事务所是以知识型员工为主要构成，基于对知识资本的复杂运用而提供无形服务的专业服务企业。知识型员工更看重自我实现等高层次需求，对个人的事业成长有着持续不断的追求。合伙治理结构下的“共担风险，收益共享”机制，对审计师执业行为进行约束的同时还有着很强的激励效果。本书在考察会计师事务所转制所带来的审计质量整体提高效应的基础上，进一步将研究视角深入到审计师个体层面，从而揭示不同知识水平的审计师在不同治理结构下的知识资本创造与审计执业行为的差异，进而从宏观和微观两个层面对会计师事务所转制的审计质量提高效应予以整体动态呈现。

第三，本书实证考察了会计师事务所转制对审计师知识资本与审计质量之间正向关系的增强效应，通过对审计师的知识吸收与集成能力以及会计师事务所转制对高知识资本审计师激励效果的分析，对这一效应的产生与作用机理做了深入阐释：知识资本不仅具有很强的价值创造力，而且能够在被运用于实践的过程中实现其自身价值的增值，从而有助于审计师在执业过程中获取并积累新的更具创造力的审计知识和技能；高知识资本审计师不仅运用自身知识和技能从事高质量执业活动的能力更强，而且具有较强的知识吸收与集成能力，他们在“干中学”的过程中所做的专用性投资，是知识资本实现增值作用以增强创造力的主要源泉；特殊普通合伙制下的收益分配和决策权配置机制与风险承担机制之间更能体现权责利对等原则，与知识型员工的高层次需求相契合，对专用性投资有很好的激励效果，更利于促进高知识资本审计师发挥在提升审计质量中的重要作用。基于研究结论并结合审计师作为知识型员工的特点，本书还提出了会计师事务所实施知识治理以利于高知识资本审计师的保留、激励与作用发挥的观点。

1.4.2 研究不足

限于篇幅及个人研究能力，本书研究尚且存在一些局限与不足之处。

第一，本书所涉及的会计师事务所转制概念，特指国内大中型事务所的组织形式从有限责任公司制转变为特殊普通合伙制这一过程。事实上，英美会计师事务所在20世纪90年代也有过一次“转制”，不同的是其转制主体主要是由普通合伙制转变为有限责任合伙制。本书将这两次不同制度背景下的转制统一进行对比分析，所得研究结论将会使转制效果的呈现更为完整，对于加强我国注册会计师行业监管与提高审计服务水平也有好的借鉴意义。然而限于文章主旨与篇幅以及数据资料可得性等原因，本书未在这个方面做出进一步探讨。

第二，在审计师所接受教育水平的衡量方面，本书采用了正规学历教育这一指标。一般来说，通过正规学历教育所获得的知识和技能大多属于通用性知识，其适用范围较为宽泛，而通过行业培训、企业内部培训等继续教育途径所获得的知识和技能，其行业专用性或企业专用性一般更强，这类知识资本对于审计质量的提高可能会产生更为直接的促进效果。然而，通过学历教育和继续教育两种不同途径所获得的知识和技能在提升审计质量方面有何具体不同，以及如何将这些差异予以有效阐释与比较，都有待于未来进一步研究。

第 2 章

文献综述

20世纪80年代以来蓬勃兴起的“知识运动”引发了学者们对知识型企业与知识管理研究的热潮，知识资本在审计质量这一专业服务输出中的作用也逐步得到重视。有学者较早将审计师个人的专业知识和执业经验对职业判断能力的影响纳入研究范畴（Libby，1990），从而为审计师知识资本与审计质量之间关系的研究奠定了基础。知识资本不仅是静态的，而且包括有效利用知识的动态过程（Galbraith，1969），审计师运用其自身知识和经验提供高质量审计服务的动机与能力还会受到组织层面的前因变量的影响。会计师事务所的组织形式及其内在激励机制是影响审计师个体有效运用知识资本进行审计执业活动、提供高质量审计服务的重要因素。当前我国大中型会计师事务所业已完成组织形式由有限责任公司制向特殊普通合伙制的转变，以此为背景对审计师知识资本与审计质量之间的关系进行动态考察十分必要。以下结合本书主题分别对会计师事务所转制和审计师知识资本两个要素与审计质量之间关系的相关文献进行梳理。

2.1 会计师事务所转制与审计质量

正如财务报告信息质量取决于上市公司内外部各种治理机制的有效运行，会计师事务所能够履行上市公司会计信息的鉴证职能进而保证和提高审计质量，其组织形式选择以及治理机制完善起着重要的支撑与调节作用。我国会计师事务所在1999年全面完成“脱钩改制”后，大都选择了有限责任公司制组织形式。有限责任公司制会计师事务所可能承担的民事赔偿责任相对于收益而言非常低，能够“锁定”风险，不利于审计质量的提高（纪益成，2000）。财政部、原国家工商行政管理总局《关于推动大中型会计师事务所采用特殊普通合伙组织形式的暂行规定》颁布实施后，截至目前国内大型会计师事务所和证券资格会计师事务所普遍完成了以特殊普通合伙转制为主要内容的组织形式变革，为审计质量在组织层面影响因素的动态研究提供了契机。以下分别从理论研究与实证研究两个层面，梳理会计师事务所转制与审计质量之间关系的相关研究文献。

2.1.1 理论研究层面

Watts和Zimmerman（1981）较早通过公司制与合伙制两种组织形式之间治理模式的比较指出，合伙制组织形式对审计师的审计行为有更强的约束力，因而意味着能够获得更高的审计服务能力。Laurence（1999）基于委托代理理论视角，分别分析了公司制与合伙制两种组织形式对审计师执业行为的影响。当客户对专业服务质量极为重视时，企业采用合伙制组织形式可以传递服务质量高的信号（Levin和Tadelis，2005）；合伙制与专业服务人员的专业化相伴而生，诞生于专业人员之间的合伙制是专业服务企业组织形式的原型（Greenwood等，2014）。朱小平和叶友（2003）从企业生产要素、内部代理关系、所有权结构和决策程序出发，剖析了会计师事务所为什么应采取合伙制这个命题。余玉苗和陈波（2002）通过对会计师事务所资产特征的分析，阐明了合伙制组织形式的事务所更加有助于实现剩余控制权与风险分担之间的均衡。Carter（2009）对比分析了公司制、普通合伙制和有限责任合伙制三种组织形式之间的差异，对会计师事务所采用有限责任合伙制组织形式的有效性进行了确认，并对其治理机制的改进提出了建议。

我国大中型会计师事务所由有限责任公司制向特殊普通合伙制转制完成后，将面临一系列新的治理问题（蒋尧明，2010）。会计师事务所要实现特殊普通合伙功能，其首要因素在于落实合伙人的资格安排和会计师事务所内部的决策权配置（肖小凤等，2012），构建基于进入权的利润分享机制有助于会计师事务所智力资本的保留（蒋尧明和唐衍军，2016b），进而促进审计质量的提高（蒋尧明和唐衍军，2016a）。会计师事务所在完成特殊普通合伙转制之后，需要建立合伙人晋升与退休机制（葛徐，2013），完善人力资本责任承担制度（杨成浦和汪茹，2012），并创新合伙人和签字注册会计师的薪酬激励机制（邓川等，2016）。进一步来说，会计师事务所的长远发展应注重合伙文化的塑造（冯均科，2013），积极吸纳并借鉴中国优秀的传统文化（蒋尧明，2009），将儒家和谐思想与会计师事务所合伙文化有机结合（李兆华和周婷婷，2016）。基于对会计师事务所知识密集型特征的深刻认识，有文献分别由自主治理理论（吴溪和陈梦，2012）、进入权理论（唐衍军，2016）以及组织原型理论（唐衍军，2017a）入手，通过理论基础的构建探讨了会计师事务所基于知识治理提高审计质量的途径。

普通合伙制的无限连带责任比公司制的有限责任，能在较大程度上限制执业人员违反职业道德的行为发生，提高注册会计师的执业质量，也更能让客户相信注册会计师提供高质量审计服务的能力（纪益成，2000）。Radhakrishnan（1999）采用数理模型分析的方法，探讨了注册会计师法律责任变化及会计相关准则变迁对审计质量的影响，并进一步研究了会计准则变迁、注册会计师法律责任与外部投资者损失之间的关系。Chan和Pae（1998）通过对有限责任公司制会计师事务所的理论分析发现，随着对注册会计师的责任保护的增加，他们的工作质量会逐步降低，最终对会计师事务所的审计质量产生不利影响。Me（2002）基于对中国市场的分析认为，会计师事务所采用有限责任公司制组织形式会使财务报告欺诈的可能性增大。吕鹏和陈小悦（2005）比较研究了审计师在分别承担有限责任和无限责任两种情形下的序贯博弈，对均衡状态的分析表明审计师法律责任的承担方式由有限责任强制转变为无限责任并不能提高审计质量。刘斌等（2008）以审计质量供给的二次函数模型为基础进行分析，发现当进行多客户审计时不同组织形式的会计师事务所所出具的审计报告具有不同的外部性，这会影响客户公司财务报表的经济后果甚至会导致不同程度的审计失败。雷光勇和曹建（2008）的模型分析表明，不同法律惩罚方式和损失计量模式对审计师的工作激励将会产生不同影响，进而对审计质量也会产生影响。刘彬和韩传模（2011）的理论模型研究表明，采用特殊普通合伙制组织形式的会计师事务所更有提供高质量审计服务的动机，会计师事务所组织形式与审计质量之间存在着密切关系。

特殊普通合伙制是具有中国特色的、适合中国国情的新型会计师事务所组织形式（黄洁莉，2010），合伙人作为承担责任的主体对其他合伙人的重大过失承担连带责任，高法律风险的制约使注册会计师更有提供高质量审计服务的动机（逯颖，2008）。郭丹（2012）分析了签字注册会计师有限责任与无限连带责任的认定、合伙人与非合伙人的签字注册会计师在责任分配与举证，故意、重大过失与一般过失等方面的差别，以及会计师事务所与签字注册会计师责任的清偿和分配顺序等，并针对我国会计师事务所转制过程中的一些具体问题进行了分析后给出对策。蒋尧明（2012）提出了建立和完善特殊普通合伙制会计师事务所民事赔偿保障制度的若干建议；并进一步指出，特殊普通合伙制组织形式有可能加大合伙人之间的利益冲突和对债权人的偿债风险，执业合伙人与非执业合伙人之间民事责任的合理配置是达成相关方利益平衡的关键（蒋尧明，2013）；建立会计师事务所内部合理的、权责利协调一致的民事责任配置机制，可有效遏止合伙人的造假动机，进而从根本上提高审计报告的供给质量（蒋尧明，2014）。

2.1.2 实证研究层面

会计师事务所采用的不同组织形式决定了审计师所承担的法律责任的差异，从而影响审计师的独立性，最终会对会计师事务所的审计质量产生重要影响（Francis，2004）。Muzako等（2004）的研究发现，相对于普通合伙制，会计师事务所采用有限责任合伙制组织形式降低了审计师的法律责任，从而提高了IPO抑价率；而另一方面，审计师法律责任的加重则有助于增强他们的独立性进而提高审计质量（Khurana等，2004）。刘丹（2014）以我国2000—2002年A股上市公司为样本，对会计师事务所组织形式与客户企业盈余管理的关系进行了研究，发现相对于有限责任公司制会计师事务所，由普通合伙制会计师事务所审计的上市公司，其可操控性盈余显著降低。Firth等（2012）基于中国内地2000—2004年资本市场数据的实证研究表明，相对于有限责任公司制会计师事务所，普通合伙制会计师事务所出具非标准审计意见的可能性更高。然而原红旗和李海建（2003）通过对2001年中国沪市上市公司数据的实证考察，认为会计师事务所组织形式与审计质量不存在明显的关系。Lennox和Li（2012）通过对英国资本市场上1999—2008年由95家会计师事务所审计的上市公司的财务报表数据进行实证研究，同样发现英国会计师事务所在由高法律状态的普通合伙制转制为低法律状态的有限责任合伙制后，其审计质量并没有出现预期的下降。

2010年以来国内会计师事务所组织形式在政府干预推动下的强制性变迁，为检验会计师事务所转制对审计质量的影响提供了自然实验。大多数实证研究文献通过法律责任约束机制的差异分析，认为会计师事务所由有限责任公司制转换为特殊普通合伙制，增加了审计师的法律责任，同时也提高了其法律风险意识，进而有助于促进会计师事务所审计服务质量的提高（刘启亮等，2015；蒋尧明和唐衍军，2015；傅绍正等，2016；孔宁宁和李雪，2016；陈小林等，2016；何琳洁等，2017）。在国内大所转制的前后两年其组织形式没有对审计意见类型以及客户企业的会计稳健性产生明显影响（张俊生和张琳，2014），原因可能在于在实际转制之前会计师事务所已经对审计质量完成了预防性调整（刘邢健和王开田，2014）。会计师事务所转制引起的法律责任增加还有助于促进审计师独立性的提升（武恒光，2015），并显著增加了上市公司的会计稳健性（李连军等，2016）。Wang和Dou（2015）比较了2007—2012年部分完成转制的会计师事务所与未转制的会计师事务所审计的上市公司样本，通过考察客户公司财务报表可操控性应计数值的变化，发现转制显著抑制了客户的正向盈余操控行为。韩维芳（2016）基于合伙人层面的研究发现，在转制产生影响之前项目负责合伙人具有较低的审计质量，而在转制产生影响之后项目负责合伙人的审计质量有了显著改善。

会计师事务所转制对审计质量的正面影响，能够在资本市场上被投资者所正确感知（黄静昌等，2017）。在分析会计师事务所转制的审计质量提高效应的基础上，部分文献对特殊普通合伙制组织形式的会计师事务所是否有助于增强外部审计的公司治理作用做了进一步探讨。研究发现，会计师事务所采用特殊普通合伙制能显著加强其对上市公司客户过度投资行为的约束（谭美村和李明辉，2016），有助于高声誉会计师事务所在新股发行市场上品牌价值的提升（李璐等，2017），为公司股票注入了保险价值（王春飞等，2014），对审计师变更与股价崩盘风险的关系也具有明显的改善效果（耀友福等，2017），并且由特殊普通合伙制会计师事务所执行上市前审计的公司IPO抑价程度更高（李璐等，2017）。另有学者通过实证研究发现，会计师事务所的组织形式由有限责任公司制转变为特殊普通合伙制有助于规范独立审计市场的审计收费（周中胜，2014）、优化审计定价策略（闫焕民等，2015），转制后不仅能够收取比较高的审计费用（杨雪和张俊民，2016），而且还提高了负面报道与正向异常收费的相关性（肖志超和张俊民，2016）。

2.2 审计师知识资本与审计质量

审计理论研究的重心当前正由会计师事务所层面和分所层面转向审计师个人层面（王晓珂等，2016），部分文献探讨了审计师的年龄、性别、职位等人口特征以及教育与执业经历等因素对审计质量的影响，分别从不同侧面涉及审计师知识资本与审计质量之间的关系。专业人员所具备的知识和技能，无论是其受聘于事务所之前所具有，还是在受聘事务所之后通过后续培训或在持续的执业过程中通过总结经验的方式获得，都有助于提高其发现客户财务报表中存在问题的能力（刘笑霞和李明辉，2012），有关特定客户偏好和业务特点的知识和技能对于审计质量的提升有着重要意义（蒋尧明和唐衍军，2016）。根据研究主题与内容的相关性，本书主要从教育水平和执业经验两个维度对审计师知识资本与审计质量之间关系的相关文献进行回顾。

2.2.1 教育水平维度

对于会计人才的成长来说，大学教育既是起步阶段又是十分重要的打基础阶段（陈毓圭，2015），审计师所拥有的学历水平以及继续教育经历都会对审计质量产生影响（O’Keefe和Westort，1992）。知识型员工所拥有的通用性知识主要来源于教育（Becker，1964），这类通过正规教育途径而获得的知识属于个体的显性知识资本（Polanyi，1958）。审计师的显性知识资本是影响会计师事务所生存与绩效的重要因素（Brocheler等，2004）。

Niemi（2004）从审计收费水平的角度考察审计师学历教育水平对审计质量的影响，发现签字注册会计师的学历教育水平和被授予的学位类型等教育背景与审计收费水平之间都存在显著的正相关关系。Deis和Giroux（1992）的实证研究发现，审计师个人所接受的学历教育水平、是否拥有专业资格证、是否具有学位等都对会计师事务所的收费水平、审计质量以及品牌声誉产生显著影响。Lin和Chen（2009）以中国台湾地区上市公司为样本进行考察发现，审计师的学历水平、专业资质等都会影响审计质量以及会计师事务所的品牌声誉。审计师教育资历和教育背景会对审计质量产生显著影响（叶琼燕和于忠泊，2011），与教育水平较低的签字注册会计师相比，由教育水平较高的注册会计师主持的审计项目质量更高（张兆国等，2014），并且在这一点上项目合伙人比项目复核人表现得更为明显（闫焕民，2015）。然而，丁利等（2012）以及郭春林（2014）的研究显示，审计师教育经历与审计质量之间的相关性并不显著。相关研究还发现在会计师事务所中拥有硕士以上学位的注册会计师所占比例越高审计延迟越短（刘笑霞和李明辉，2016），并且能够使得低审计质量的传染效应得以弱化（Li等，2016）。

审计师的教育背景与其专业技能紧密相关，除了学历教育水平高低以外专业教育背景也会对审计师个体知识结构的形成产生重要影响。Bonner（2008）的研究表明，审计师在学校教育阶段接受的专业知识和专业训练越多，其专业胜任能力越强，从而有助于其做出更加稳健的决策。Cheng等（2009）利用中国台湾地区的样本数据进行研究，发现审计师的专业背景与审计质量之间存在显著的正相关关系。叶琼燕和于忠泊（2011）研究发现，审计师接受教育时所学的专业与会计越相关，其审计质量越高；这是因为，具有会计教育背景的审计师可能会更谨慎和保守，更能够发挥专业特长，降低被审计单位财务报告出错或舞弊的概率，进而保障审计服务的质量（张兆国等，2014）。会计专业背景、合伙人身份以及丰富的从业经历，都能够使得媒体评价对审计质量的降低效应得以弱化，从而具有缓解从众效应的作用（吕敏康和冯丽丽，2017）。吴伟荣等（2017）的研究也得出了女性、高学历、合伙人和接受过会计专业教育的注册会计师所主持的审计项目质量较高的结论。

2.2.2 执业经验维度

Libby等（1992）的早期研究发现，审计人员的个人执业经历有助于其发现被审计客户财务报表信息中可能存在的错报、漏报，抑制客户公司管理层的舞弊行为或倾向，并且能够根据这些相关的潜在问题调整审计计划，实施相应的审计程序从而将审计风险降到可接受的低水平。审计师在执业过程中所积累的个人经验是其专业胜任能力的重要构成部分之一（Christopher等，2008），丰富的执业经历有助于审计师专业胜任能力的发挥，从而可以作为审计质量的保障（Chi等，2010），丰富的执业经历和经验还有助于审计师保持应有的独立性进而确保审计服务质量（Kaplan等，2008）。拥有较为丰富的执业经验的审计师能够更加高效地处理客户公司财务报表的数据信息与其预期判断信息之间的差异，进而调整审计计划、制定适当的补充测试程序以对这些差异情况进行揭示（Earley，2002）。审计师的经验越丰富越能抑制管理层的机会主义行为（王晓珂等，2016），经执业经验丰富的审计师审计的财务报告其信息稳健性水平更高（罗春华等，2014）。特别地，审计师丰富的执业经验更加有助于抑制客户的正向盈余管理行为，进而提高审计质量（刘笑霞和李明辉，2012）。韩维芳（2017）以审计师的签字经验来衡量审计师个人的经验，并以非标意见来衡量审计质量，研究发现审计师个人的经验越丰富则越可能对高审计风险客户出具非标意见。

审计师关于特定行业客户的个人专长是其在长期执业过程中，通过对特定行业客户知识的积累而形成的特殊知识与能力（唐衍军，2017）。拥有客户行业知识的审计师能够更好地评估与客户相联系的审计风险，在制订审计计划时能够较好地识别需要更多审计关注和审计资源的领域

(Low，2004)。审计师个体拥有的行业专长有助于其形成与该行业相关的经验积累（Taylor，2000），使得审计师能够更加准确地对审计风险进行识别与评估（Bedard和Chi，1993），最终有助于提高会计师事务所的整体审计质量。审计师具有某特定行业客户的专长有助于其能够更加准确地识别该行业内的客户风险水平，进而制订相应的审计计划或者对审计计划作出调整以聚焦于高审计风险的领域，降低客户公司财务报告出错或舞弊的可能性（Chin和Chi，2009），并且在会计师事务所与客户就审计定价及审计程序进行谈判的过程中，审计师执业个体的行业专长也是一项重要的谈判砝码（Zerni，2012）。具有行业专长的审计师对该行业的客户更为了解，因而可以减少被审计公司的盈余操纵，从而使得该公司财务报表具有更高的盈余质量（李思飞等，2014）。原红旗和韩维芳（2012）在区分审计师的身份和职位后研究发现，作为项目负责人的审计师所具备的行业专长更加有助于提高审计质量；审计师个人的执业经验效应主要依赖与被审计客户相关的行业经验（闫焕民，2016）。

近年部分文献在对审计师执业经验与审计质量之间关系的考察中纳入了更多的考察变量。原红旗和韩维芳（2012）的研究发现，审计师个体角色差异或者执业经验的属性不同，对审计质量的影响有所不同。他们认为，审计师个人的经验是个人层面上决定审计质量的关键因素，而会计师事务所层面上的客户依赖会通过降低审计师的独立性而导致可操控性应计利润额增加，即会计师事务所层面的独立性和审计师个人层面的执业经验共同影响审计质量。Steven和Sun（2015）研究发现审计师个人经验与审计费用正相关而与盈余操纵性应计负相关，在进一步控制其他影响因素后，他们认为审计师的个人特征在审计过程中可能代表了一种关注水平的信号，审计质量的提高是信号传递的结果。Ivan和Trisni（2016）研究认为，审计质量的提高不仅来自于审计师个人经验的贡献，它是胜任力、独立性与职业道德共同影响的结果。闫焕民（2016）研究发现，签字注册会计师个人的执业经验效应与审计任期效应之间存在替代型交互作用，签字注册会计师通过会计师事务所内部沟通获取的间接经验，也有助于弥补新客户初次审计中的经验不足从而保证审计质量。张健和魏春燕（2016）研究发现执业经验对法律风险与审计质量之间的关系具有调节作用，

Sarowar等（2017）认为审计项目团队内部具有不同执业经历的资深审计师、助理审计师和其他人员的不同配置能够对会计师事务所的审计质量产生重要影响。

2.3 文献评述

通过对相关文献的梳理发现，近年来有不少研究涉及审计师知识资本与审计质量之间的关系，从而极大地丰富了有关审计质量及其影响因素的研究。知识资本不仅是静态的，而且包括有效利用知识的动态过程（Galbraith，1969），然而现有文献大都从静态层面检验审计师的年龄、性别、职位、教育水平以及执业经验等特征对审计质量的影响，由知识资本运用和积累的动态过程入手，探讨审计师知识资本与审计质量之间相关关系的研究文献很少。Carpenter（2004）在考虑中间变量影响的基础上对管理者个人特征与企业绩效关系所进行的动态考察，对审计师知识资本与审计质量之间关系的研究具有重要借鉴意义。在会计师事务所内部，审计师不仅是知识资本的拥有者，同时也是其自身知识资本的使用者。审计师运用自身知识和经验提供高质量审计服务的动机与能力会受到组织层面的前置变量的影响。会计师事务所组织形式变迁及其所引起的激励与约束机制变化，是影响审计师在执业活动中提高努力程度、有效运用自身知识资本的重要因素。在我国大中型会计师事务所普遍完成特殊普通合伙转制这一时代背景之下，对审计师知识资本与审计质量之间的关系进行动态考察，在分析会计师事务所转制对审计质量的提升作用的基础上，进一步探讨会计师事务所转制对审计师知识资本与审计质量之间关系的增强效应，具有较为重要的理论与现实意义。本书研究具有系统性和动态性的特点，深化了审计质量影响因素及其形成机理的研究。具体来说，本书在现有研究基础上的预期贡献主要体现在：

第一，有关会计师事务所转制对审计质量影响的理论研究文献，在研究的深度和系统性方面亟待进一步拓展。现有理论研究文献大多侧重于会计师事务所转制所引起的法律责任变化层面的分析，通过理论或模型论证转制的必要性及其对审计质量的影响（逯颖，2008；刘彬和韩传模，2011），或进一步探讨建立有效的民事责任配置机制来遏止合伙人的造假动机进而提高审计报告的供给质量（蒋尧明，2012，2013，2014）。组织形式不仅具有法律含义更有着经济学内涵，不同的组织形式代表着不同的治理结构（余玉苗和陈波，2002），然而当前基于会计师事务所内部治理结构及其激励机制视角研究会计师事务所转制对审计质量影响的文献尚不多见。少数文献借鉴企业理论的分析框架，构建特殊普通合伙制会计师事务所内部治理的进入权机制（唐衍军，2016），论证审计师专用性知识资本投资的有效激励在审计质量提高中的重要作用（蒋尧明和唐衍军，2016a）。在此基础之上，本书基于会计师事务所内部决策权配置、利润分享与法律责任承担等多重视角，系统分析会计师事务所转制与审计质量之间的关系，使得对审计质量影响因素的认识在组织结构层面上得以深化，增进对审计质量提升机理的全面理解。

第二，在现有实证研究的基础上，选用审计质量的多个度量指标并基于多重视角，对会计师事务所转制与审计质量的相关关系进行动态研究。审计质量表现为对客户公司财务报表盈余管理的抑制程度、会计盈余稳健性、会计师事务所出具的审计意见类型以及审计报告激进度等多个方面。不同于部分文献对会计师事务所转制与客户公司财务报表盈余稳健性或可操纵性项目盈余质量关系的检验（蒋尧明和唐衍军，2015；孔宁宁和李雪，2016；李连军等，2016），本书研究涵盖对客户公司盈余管理的抑制程度、审计报告的激进度等多个衡量指标，有助于准确全面地刻画会计师事务所转制与审计质量之间的关系。此外，不同于部分文献对不同组织形式的事务所在发表非标准审计意见或抑制可操控性应计额方面的静态比较（杨俊峰等，2016；何洁琳等，2017），本书在分析和验证会计师事务所转制对审计质量正面影响的基础效应的基础上，进一步考虑客户公司法律风险这一重要影响因素，对会计师事务所转制所引起的审计质量提升效应进行动态实证考察。相较于现有研究文献，本书研究更具有整体性和动态性的特点。

第三，审计师知识资本与审计质量之间相关关系的现有研究文献，大多聚焦于审计师年龄、性别、职位、教育与执业经历等方面的个人特征对审计质量影响的静态分析。审计师执业活动事实上是一种动态过程，高质量审计服务不仅依靠审计师自身的知识资本水平，同时更有赖于其对知识的运用能力以及执业努力程度。审计师运用自身知识资本进行高质量执业活动，通过执业过程中的“干中学”进一步提高自身知识资本水平的动机需要一种外在的激励。在审计师知识资本等个人特质与审计质量输出之间，还存在着制度因素、组织环境等中间变量。会计师事务所组织形式转变及其所引起的激励与约束机制变化，是影响审计师提高执业努力程度并有效运用自身知识资本进行审计执业活动的一个重要因素。本书将审计师知识资本与审计质量之间关系的考察，纳入到会计师事务所转制这一时代背景之下，以研究会计师事务所转制所带来的审计质量提升效应为基础，基于知识资本的动态特征进一步探讨审计师知识资本作用于审计质量的路径，从而对审计质量的提升机理进行动态考察，在审计质量研究领域做出新的尝试和探索，理论与现实意义均较为重要。

会计师事务所所处的专业服务业是共享的产业，合伙人共同分享专业服务的成果（陈毓圭，2016）。有限责任公司制与特殊普通合伙制两者分别代表着两种重要的企业组织形态，其差异不仅体现在外在的风险承担方式上，而且存在于决策权配置与收益分配等内在激励与约束机制中。合伙制组织形式下的利润分享和决策权配置机制与风险承担机制之间的关系更加符合权责利对等的原则，对审计师而言更能体现薪酬分配与决策权配置的公平性，也更加能够契合并满足审计人员作为知识型员工的高层次需求。本书立足于我国大型会计师事务所和证券资格会计师事务所特殊普通合伙转制这一重要制度背景，在系统分析法律责任约束条件变化对审计师激励作用的同时，对审计师知识资本与审计质量之间的关系进行动态考察，以期在现有研究的基础上做进一步的理论拓展。

第3章

会计师事务所转制、审计师知识资本与审计质量的理论概述

本部分内容首先是对审计质量这一实证章节主要被解释变量的界定，分析审计质量的主要影响因素并明确它的主要度量指标；其次对作为主要解释变量的审计师知识资本进行解读，并界定其主要衡量维度与度量指标；再次对会计师事务所转制的概念进行界定，并对转制前后组织形式之间的差异进行对比分析；最后阐明本书的理论基础及其借鉴意义。

3.1 审计质量的内涵、影响因素与度量指标

本部分内容主要包括审计质量的内涵及概念界定、影响因素分析以及主要度量指标选取。对审计质量概念进行全面解析与准确界定，可以为后续章节理论分析的展开、度量指标的选取以及计量模型的构建等奠定重要基础；审计质量影响因素的分析也为后续实证章节解释变量与控制变量的选取提供理论依据。

3.1.1 审计质量的内涵

任何产品或服务都离不开“数量”或“质量”两个基本特征，质量是现代管理学中最基本的概念之一。企业所有者委托审计师进行第三方审计，实际上是股东将其对受托经营者进行监督的权限授予了社会上的执业

会计师（阎金锷，1986）。会计师事务所提供的审计服务的质量代表着审计师对上市公司运营及财务报告监督职责的履行情况。专业服务企业知识密集型的特征决定了其服务产品的质量模糊性（Nordenflycht，2010），审计服务专业性、复杂性以及无形性的特点使得其质量不能像实体商品一样通过外观、性能、材质等指标进行判断。审计服务质量的模糊性特征为其概念界定带来了困难。审计质量是一个复杂的概念，不能够被简单地定义（Bonner，2008），研究者们分别由不同视角对其内涵进行解读，概括地说，有关审计质量内涵的理解主要包括以下三类观点：

第一类观点主要从审计需求角度出发，围绕质量概念的内涵对审计质量进行界定。Titman和Trueman（1986）认为，审计质量应当以信息准确度来衡量，即经审计后的财务报告应准确地反映公司的真实财务状况、经营成果、现金流量等信息。张龙平（1994）认为，审计质量是指审计工作的优良程度，其核心在于审计工作在多大程度上增加了财务报表的可信性，具体体现为审计人员的质量和审计过程的质量，而审计报告的质量是其最终载体。孙宝厚（2008）指出，审计质量存在狭义和广义两个层面，其中狭义的审计质量是指审计结论与审计事项真实情况的吻合程度，而广义的审计质量除了审计结论与审计事项真实情况的吻合程度以外还包括审计工作对审计需求的满足程度。因而可将审计质量定义为审计工作及产品在其固有特征上满足信息使用者和社会公众明确或隐含需要的程度（彭桃英，2005），即审计服务满足审计报告使用者需要的程度（郭颖，2015）。

第二类观点主要从审计供给角度出发，关注在审计服务过程中审计师行为的完整性以及审计服务的质量保证水平。DeAngelo（1981）对审计质量的界定被学术界广泛引用，她认为审计质量是审计师发现客户企业财务系统中存在违规现象并报告这些违规现象的联合概率。其中，发现客户企业财务报表中存在重大错报、漏报现象的可能性取决于审计师的努力程度和胜任能力，而报告这些现象以及客户企业违规财务行为的可能性则取决于审计师的独立性。Simmunic和Stein（1987）认为，审计质量可以用财务报表的可信度来衡量，可以表述为对财务报告中没有重大错报、漏报的保证水平；审计质量的高低同时还取决于客户发生违约行为时，审计师报告这一特定违约行为的概率（Watts和Zimmerman，1986）。

第三类观点侧重于由审计活动的输出寻找审计质量的衡量指标。Palmrose（1988）较早以财务报告中没有重大错报、漏报的概率来表示审计质量，并将审计失败作为审计质量的替代变量。Francis（2011）对以审计失败作为审计质量替代变量的观点提出了批评。大量的案例分析与统计数据显示美国资本市场上审计失败案例的占比不到百分之一，在其余数量庞大的“无失败”审计案例中作出审计质量同质性的假设明显有悖常理。文章通过例证和逻辑推演提出了可以用被审计客户公司财务报表的盈余质量作为审计质量表征的观点。

ISO 9000（2015版）对质量的定义：“组织的产品和服务质量取决于满足顾客的能力以及对有关的相关方预期或非预期的影响。”对照这一定义我们可以发现，有关审计质量内涵的第一类观点与质量概念本身的耦合度较高。第二类观点认为审计师的行为将直接导致审计质量的高低，影响审计行为的因素包括了审计师的专业胜任能力和独立性，从而揭示了审计质量形成与提升过程中的主要矛盾，对审计质量领域的研究有重要的指导作用。其中，DeAngelo（1981）对审计质量概念的界定，将影响审计质量的两个方面及其关系描述得十分清楚，因而备受后续研究者所推崇。Francis（2011）的观点进一步推动了对审计质量的理性认识，用连续变量替代了审计质量“好”还是“坏”的二分法观点，为进一步对审计质量进行量化研究提供了重要的理论支撑。

综合以上三种观点，本书对审计质量概念作出以下界定：第一，审计质量从其内涵来说是指审计服务满足审计报告使用者需要的程度；第二，审计质量由其形成机理方面来看，可以被直观地理解为审计师发现并披露被审计单位财务报告存在重大错报、漏报行为的联合概率；第三，审计质量在度量方面可以由客户公司财务报表的盈余质量来进行表示。

3.1.2　审计质量的影响因素

审计质量是审计服务水平与审计需求方期望的综合体现，其影响因素是多方面的，既有会计师事务所内部的原因又有会计师事务所外部的原因。对审计质量影响因素的分析有助于对审计质量的控制，为从根本上提高审计质量寻找可行路径。结合对审计质量概念的界定以及研究变量的选取，以下从审计主体因素、审计客体因素、审计主体与客体关系、审计市场结构、法律环境与行业监管因素等几个方面对审计质量的影响因素进行概述：

（1）审计主体因素

审计主体主要是指承办审计业务的会计师事务所与审计人员。由于会计师事务所是典型的“人合重于资合”的知识密集型专业服务企业，审计师的综合能力和素质状况对审计质量的影响至关重要。审计执业过程即是审计师运用专业知识、执业经验与个人技能进行职业判断的过程，审计师应具备进行专业判断所需的胜任能力。Libby（1992）认为，审计判断绩效受审计人员的能力、专业知识、外部激励以及职业环境的影响，进而提出了著名的职业判断公式：审计判断绩效=f（能力、知识、激励、环境）。本书将审计师的知识资本作为主要的解释变量来探讨审计质量的影响路径与提升机理。

审计机构和审计人员的独立性也是评价其执业质量的基本要素之一。审计过程的超然独立是审计质量的重要保障，如果审计人员不能坚持独立、客观、公正的立场，带有主观性和偏见性，那么其审计意见将毫无价值可言。经验研究表明，我国会计师事务所由有限责任公司制转变为特殊普通合伙制，在增加审计师法律责任的同时也提高了其法律风险意识，促使其恪守独立性、谨慎执业，从而在客观上促进了会计师事务所审计服务质量的提高（蒋尧明和唐衍军，2015）。会计师事务所转制所引起的审计质量提高效应，在知识资本水平较高的审计师身上是否体现得更为明显，是本书所重点关注的一个问题。

（2）审计客体因素

审计客体是指审计的对象，包括被审计单位及其财务报告等具体审计内容。会计师事务所的总体执业质量并不完全取决于审计人员的主观努力与胜任能力，还受客户信用、财务状况、内部控制等客观因素的影响。客户质量是会计师事务所面临的审计风险的一个重要潜在来源（叶友等，2005）。如果会计师事务所承接的客户质量较差，那么反映了会计师事务所在接受审计业务时风险意识差，其业务质量控制值得担忧。从另外一个角度来说，财务状况不好的客户，由于自身盈利能力与流动性较低，其承担审计费用的能力也较低，会计师事务所有可能会为了争取客户而降低收费，这就可能使得会计师事务所为了平衡成本与收益而降低审计成本，最终导致审计质量低下。另外，被审计客户的财务状况不佳还增加了其舞弊的风险，从而对审计质量有着潜在的影响。审计客体的财务状况主要反映在资产负债率、资产流动性、每股净现金流量等方面，这些因素在后续实证章节需要通过控制变量设置来体现。

公司治理结构是规范股东、董事会、高管人员权利与义务分配及其聘用和监督等问题的制度体系。上市公司的股权结构与董事会特征也会对审计质量产生重大影响（向锐，2008）。独立有效的董事会、监事会及审计委员会能在一定程度上约束、监督高管人员，为审计师保持自身独立性创造有利环境。另一方面，治理结构良好的公司也倾向于聘请能提供高质量服务的会计师事务所来对财务信息质量进行合理保证。在后续实证研究章节的研究设计中，需要设置董事会特征等公司治理方面的控制变量。

（3）审计主体与客体关系

客户资本主要由客户关系和客户知识两部分构成（冯天学，2011），审计师对特定客户任期的延长可能带来客户知识的增加或者客户关系的密切。一种观点认为，任期的延长带来了客户知识的增加，有助于审计师对被审计单位的财务及治理状况有更深入了解，从而能够对审计计划和审计程序作出调整，提高发现客户企业财务活动中违规行为的概率，并带来审计质量的增加效应。也有观点认为过长的任期可能会导致密切的个人关系，影响独立性并进而产生独立性干扰效应，最终影响审计质量。审计师任期对审计质量的影响也是控制变量设置中的一个主要考虑因素。

（4）审计市场结构

审计市场结构也是影响审计质量的一个重要因素（Francis，2011）。会计师事务所在国内资本市场上份额的差异清晰地显示，本土会计师事务所虽然在审计客户的数量上整体占优，但在审计客户质量上却远低于国际“四大”会计师事务所（刘丹，2014）。现有经验研究大多认为会计师事务所的规模与审计质量之间存在正向的相关关系（漆江娜等，2004；Francis和Yu，2009；Lawrence等，2011；宋衍蘅和肖星，2012；吴伟荣和刘亚伟，2015）。本书在后续实证章节研究设计中将会计师事务所规模作为控制变量，并在对研究结论做进一步分析时考虑消除国际“四大”会计师事务所规模效应的影响，将研究焦点聚集于本土会计师事务所。

（5）法律环境与行业监管因素

健全的法律环境能提高审计师舞弊行为被监管机构和社会公众所发现的概率，增加舞弊行为受到诉讼主体追究的可能性，使得有关责任机构和责任人能够受到应有的处罚，并且能够使处罚得到有效执行。审计法律责任是审计能力与社会需求的有机统一（蒋尧明，2010），法律责任追究机制的有效运行，能够降低审计师侥幸违规的可能性，增加审计师违规的成本，有利于从整体上创造行业高质量审计的氛围。此外，由行业自律、政府监管、社会监督所共同构成的统一监管体系的有效运行，也有助于提高审计行业执业质量，在推动审计行业可持续发展的同时也为资本市场的健康、稳定发展提供良好保障。

3.1.3 审计质量的度量指标

Francis（2011）通过例证和逻辑推演提出了可以将被审计客户公司财务报表盈余质量作为审计质量表征的观点，为用连续变量替代审计质量"好"还是"坏"的二分法观点提供了理论依据。根据前文对审计质量概念所做的界定，本书采用以客户公司财务报表盈余质量为基础的连续变量指标对审计质量进行度量。

（1）操控性应计指标

张宏亮和文挺（2016）对会计师事务所规模、审计收费、操控性应计、盈余稳健性、盈余反应系数等最常用的审计质量替代指标的有效性做了检验，认为操控性应计盈余质量指标的审计质量替代性最好。本书在后续实证分析章节的主测试部分主要借鉴Kothari等（2005）的研究，采用在修正的Jones模型基础上加入截距项和公司资产收益率（ROA）计算的操纵性应计盈余质量指标，并以其绝对值|DA|作为审计质量的替代度量。

上市公司财务报表的操纵性应计盈余质量指标（DA），可以通过以下步骤来进行计算：

第一步，计算出本期的总应计利润额（TA）：

$$TA_{it} = NI_{it} - CFO_{it} \qquad \text{（公式 3-1）}$$

其中，TA_{it}代表公司i第t年的总应计利润额，NI_{it}代表公司i第t年的净利润，CFO_{it}代表公司i第t年的经营活动产生的现金净流量。

第二步，通过回归方程计算出下式中的系数α_1、α_2、α_3、α_4：

$$TA_{it}/A_{it-1}=\alpha_1(1/A_{it-1})+\alpha_2(\Delta REV_{it}/A_{it-1})+\alpha_3(PPE_{it}/A_{it-1})+\alpha_4 ROA_{it}+\varepsilon_t \quad (公式3-2)$$

其中，A_{it-1}代表公司i第t-1期的期末总资产，$\triangle REV_{it}$代表公司i第t年的销售收入变动额，PPE_{it}代表公司i的厂房、设备等固定资产在第t年年末的价值，ROA_{it}代表公司i在第t年的资产收益率，其余变量的定义与公式3-1相同。

第三步，将计算出的回归系数α_1、α_2、α_3、α_4代入下式，计算出本期财务报表的非可操纵性应计值（NDA）：

$$NDA_{it}=\alpha_0+\alpha_1(1/A_{it-1})+\alpha_2(\Delta REV_{it}/A_{it-1}-\Delta REC_{it}/A_{it-1})+\alpha_3(PPE_{it}/A_{it-1})+\alpha_4 ROA_{it}$$

其中，$\triangle REC_{it}$代表公司i在第t年的应收款项净额的变动额，其余变量的定义同公式3-2。

第四步，用本期的总应计利润额（TA）除以上一期的期末总资产（A_{t-1}），得到本期的总应计值（TDA）：

$$TDA_{it}=TA_{it}/A_{it-1}$$

第五步，用本期的总应计值（TDA）减去非可操纵性应计值（NDA），即可得到代表本期公司盈余管理程度的操纵性应计值（DA）：

$$DA_{it}=TDA_{it}-NDA_{it}$$

其中，$DA\in[-1,1]$。当DA值为负时，代表公司存在负向盈余操纵行为，即调低利润的现象；当DA值为正时，代表公司存在正向盈余操纵行为，即利润虚高的现象。

（2）审计报告激进度指标

本书在后续实证分析章节的稳健性测试部分主要借鉴Gul等（2013）的研究经验，采用审计报告激进度（AR）指标作为审计质量的替代变量。

审计报告激进度（AR）的计算步骤与含义如下：

第一步，建立审计意见预测模型，估计审计师对客户公司本期财务报表可能出具“非标”审计意见的概率（P）：

$$\begin{aligned}Ln[P/(1-P)]=&\beta_0+\beta_1 Op_{t-1}+\beta_2 Size+\beta_3 Debt+\beta_4 Big+\beta_5 Inv+\beta_6 Rec+\beta_7 Age+\\&\beta_8 ROA+\beta_9 Liq+\beta_{10} Loss+\sum\beta_m year_m+\sum\beta_n ind_n+\varepsilon\end{aligned}$$

其中，P代表审计师可能出具“非标”审计意见的概率，且P∈[0,1]；Op_{t-1}代表审计师对该公司上一期财务报告所出具的真实审计意见的类型，“非标”意见取值1，否则为0；Size代表公司规模，Debt代表资产负债率，Big代表会计师事务所规模，Inv代表期末存货占总资产的比例，Rec代表期末应收账款占总资产的比例，Age代表公司上市年数，ROA代表资产收益率，Liq代表速动比率，Loss代表公司是否有亏损，year和ind分别代表年度和行业虚拟变量，β代表变量回归系数，ε代表模型拟合残差。

第二步：计算对客户公司本期财务报表所出具的审计报告激进度（AR）：

$$AR_{it} = P_{it} - Op_{it}$$

其中，AR∈[0,1]。由以上计算步骤可以看出，AR值越大则说明审计师为本应或很可能收到“非标”意见的公司出具了“标准”意见。AR值越大意味着发生审计失败的概率就会越高，故而审计质量也就越低。

3.2 审计师知识资本的内涵、特征与衡量维度

本部分内容主要包括对审计师知识资本内涵与特征的解读以及审计师知识资本的衡量维度与度量指标。对审计师知识资本的内涵与特征进行全面分析，可以为后续章节的理论分析做出铺垫。明确审计师知识资本的衡量维度与度量指标，对后续章节的理论分析以及主要解释变量的选取也具有指导作用。

3.2.1 审计师知识资本的内涵与特征

知识密集型是专业服务企业最为重要的特性（Brock等，2014），会计师事务所的知识密集型主要来自于审计人员自身专业知识的吸收、积累和沉淀（唐衍军，2017a）。审计人员的专业知识、执业经验和专业技能对审计工作的开展以及审计服务质量的提高有着决定性影响。以下在分析知识资本内涵的基础上对审计师知识资本概念进行界定，并对审计师知识资本的主要特征做出阐释。

（1）知识资本内涵的解读

知识资本又被称为智力资本或智慧资本，最早由Senior（1836）所提出。他认为知识资本是个人所拥有的知识和技能的总和，与人力资本具有相同的含义。Polanyi（1958）在其名著《个人知识》中对个人知识给予广泛讨论，将其划分为显性知识和隐性知识两大类别，并指出知识具有嵌入性即知识资本中的主客观成分无法分离。Becker（1962）重点关注知识资本对经济增长的贡献，并根据知识资本作用的不同，将其划分为通用性知识资本与专用性知识资本两种类型。Galbraith（1969）对知识资本的概念进行了扩展，他认为知识资本不仅是静态的，而且包括对知识进行有效利用的动态过程。

20世纪80年代以来，学界对知识资本的关注逐渐由社会宏观层面转向组织微观层面。Sveiby（1986）认为，知识资本是组织中以知识为基础的无形资产，代表着企业的核心能力。Edvinsson和Malone（1997）指出，知识资本通过集成显性知识、个人技能、实践经验、组织技术以及顾客关系等而能够使企业在市场上拥有比较优势。Lynn（1999）认为，知识资本是组织内部化的知识经由系统化处理后所变成的为公司创造价值的知识。Stewart（1997）将组织中的知识资本划分为人力资本、结构资本与客户资本三个层次。客户资本主要由客户关系和客户知识两部分构成（冯天学，2011），企业在与客户的交互作用过程中所形成的客户知识在所有客户资源中占据着最重要的地位（Rowley，2002）。

Williams（2005）进一步将对知识资本的定义拓展到员工个体层面，他将知识资本理解为体现在人身上的或者从生产流程、企业文化中所获得的所有东西，包括个人的技能、知识、价值观等。Nonaka（2008）发展了Polanyi的隐性知识概念，认为隐性知识是一种高度个人化的知识，是个人在长期工作实践过程中积累的知识，嵌入在行动本身以及在个人所处的具体环境之中。孙立新（2013）将企业员工的知识资本定义为员工个体所拥有或能控制的，能为企业带来竞争优势的一切知识、经验、能力的总和。Swart和Kinnie（2013）认为在专业服务企业中员工的知识资本由行业专用性知识、企业专用性知识、合作意识以及企业家精神等多个维度构成。

（2）审计师知识资本概念的界定

审计服务的提供过程即是审计人员对专业知识的加工、利用和创造过程。审计人员的知识、经验和专业技能对审计工作的开展以及审计服务质量的提高有着决定性影响（唐衍军，2017）。审计师在受聘于会计师事务所之前通过学历教育拥有了专业知识，或者在受聘会计师事务所之后在持续执业过程中通过总结经验的方式获得的专业技能，都有助于提高其发现客户财务报表中存在问题的能力（刘笑霞和李明辉，2012）。审计人员在受聘于会计师事务所之前一般需要接受系统的专业教育，进行基础专业知识和技能训练，从而为以后的职业发展奠定基础。对于会计人才的成长来说，大学教育既是起步阶段又是十分重要的打基础阶段（陈毓圭，2015）。通过正规学历教育所获得的专业知识和技能一般在整个注册会计师行业都能适用，根据知识资本作用的划分标准应归类于通用性知识资本。另外，根据Polanyi（1958）的观点，通过正规教育途径获得的知识和技能均属于显性知识。

审计师知识、经验和能力的获取和积累过程，是在特定行业或会计师事务所内长期进行“干中学”的过程（唐衍军，2017）。审计人员一般最初是以助理人员的身份参与审计执业活动的，他们在长期的业务实践过程中将逐步获得和积累适应审计工作所需要的专业知识。这类专业知识难以被书面化或程序化，难以在会计师事务所内广泛传播，只能为个体审计人员所掌握和运用，因而可以被视为审计师的一种隐性知识资本。审计服务提供过程需要与客户之间的密切合作，有关特定客户的专用性知识就成为企业的一种投入要素。审计师在长期的“干中学”过程能够获得并积累一种对审计执业活动正常开展起到关键性作用的客户知识。根据知识资本作用的划分标准，审计师的行业经验以及对特定客户的个人经验应归类于专用性知识资本。

通过以上分析，本书将审计师知识资本概念界定为审计师个体所拥有的显性知识和隐性知识的总和，由行业通用性知识和对特定行业或特定客户的专用性知识所构成；审计师知识资本在存在形态上，不仅体现为静态的审计业务知识和技能，而且包括有效运用专业知识和技能进行审计执业活动以及进行知识资本再生产的过程；审计师知识资本是提高审计服务质量和打造会计师事务所核心竞争力的一种关键性资源。

（3）审计师知识资本的主要特征

审计师的专业技能，本质上是将知识运用于实践、运用于知识解决问题的能力（陈毓圭，2015）。知识资本为审计师自身所拥有并被运用于审计执业实践，在提供审计服务为会计师事务所创造价值的同时还能够实现其自身价值的增值。具体来说，审计师知识资本具有以下几个鲜明特征：

第一，嵌入性特征。知识不同于信息的根本特征在于它不能脱离它的所有者而存在（Prencipe和Tell，2001），知识只能依附于一定的载体才能被运用并进而转化成资本。审计师所拥有的专业知识在实现资本化的过程中需要依附于其他生产要素之上，在审计师长期的执业实践中通过知识的再生产与集成过程而实现其价值。审计师进行知识资本生产与集成的过程，不仅依赖于其个人现有的知识和技能，而且依赖于企业的文化、制度、生产流程等。审计师以自身的专业知识和技能为基础，并有效利用会计师事务所内的其他生产要素，通过知识的获取、积累、扩散、转移、共享、转化等环节，并经过一系列复杂的资本化过程从而形成知识资本。审计师通过各种显性知识和隐性知识的学习、吸收、加工、融合，最后将个人知识资本转变为适应审计执业活动需要的知识资本。

第二，能动创造性特征。捕获个体的、隐性的、主观经验性的知识、洞察力和直接知识，特别是那些业绩优秀的个人的知识，是少数成功的知识型企业发掘出最有前景的创造知识的方法（Peters和Waterman，2002）。审计师知识资本是会计师事务所在审计市场上获得并保持核心竞争力的源泉，但知识资本本身并不直接代表会计师事务所的竞争力。审计师知识资本的运用过程即是其内容与形式不断被丰富和发展的过程。审计师知识资本需要为审计师所拥有并为其所正确运用，才能在执业过程中体现价值创造力。随着在执业过程中审计师知识、经验和技能的积累、转化和传递，其所拥有的知识资本本身不断扩展和自我更新，从而具有了很高的能动创造性。审计师在执业活动中通过经验的积累、能力的开发、知识的更新等过程，使得自身的职业判断力和职业胜任力得以提升，进而有助于提高审计服务质量，使得会计师事务所在审计市场上获得并保持竞争优势。

第三，动态增值性特征。不同于一般的实物资产，随着专用性投资的持续增加，审计师知识资本可以在增加自身价值的同时其收益不会递减反而会递增。知识资本在使用过程中能够实现收益递增，其原因主要来自于生产者的学习效应、消费者的锁定效应、高昂的前置成本、标准，以及网络的外部性（Teece，2000）。审计师等专业人员因其高度专业化而具有较强的学习能力和连续不断地获取、积累、利用和创造知识的能力，从而实现在自身知识存量不断增加的同时又对现有资源进行能动性的利用和创造。因而审计师知识资本并不仅仅表现为静态的知识资源，更能够在参与价值创造的动态过程中实现自身价值的增值。审计师知识资本不仅能为会计师事务所带来现实收益，而且伴随着执业过程中知识资本自身的增值以及由此所带来的审计质量提高，会计师事务所的整体声誉得以提升，又进一步为会计师事务所带来未来预期收益。因而审计师知识资本的动态特性及其增值作用的有效发挥，是会计师事务所获取和保持持续竞争优势的重要源泉。

3.2.2 审计师知识资本的衡量维度与度量指标

根据前文对审计师知识资本概念所做的界定，本书基于审计师的教育水平和审计师的执业经验两个主要维度对审计师知识资本进行衡量。从知识资本来源角度看，前者属于显性知识资本而后者属于隐性知识资本；根据在执业过程中发挥作用的路径不同，前者主要由通用性知识资本所构成，而后者则应归类于专用性知识资本的范畴。

（1）审计师的教育水平及其度量方法

对于会计人才的成长来说，大学教育既是起步阶段又是十分重要的打基础阶段（陈毓圭，2015）。审计人员在开始其职业生涯之前一般需要接受系统的专业教育，接受基础专业知识学习和训练，为以后的职业发展奠定基础。接受过高度专业化教育的审计师往往具备较强的学习能力，能够在执业过程中不断地获取、积累、发挥和创造知识（唐衍军，2017）。审计师受教育程度的高低往往对于其个人的学习能力与接受新技术、新方法的能力产生影响，进而对其进行职业判断的能力与准确性产生影响。

本书以审计师的教育水平作为其知识资本水平的一个衡量维度。根据以往实证研究的经验，教育水平的度量方法通常有以下几种：一是若审计师的学历水平为本科及以上学历，则赋值为1，否则为0；二是将学历水平的阈值提高到硕士以上，并设定二分变量；三是对审计师的学历由高到低分别赋值。本书在实证章节的主测试中，对审计师教育水平的度量采用第三种方法；在稳健性测试中，则采用第一种方法。

（2）审计师的执业经验及其度量方法

审计师在执业过程中所积累的个人经验是其专业胜任能力的重要构成部分之一（Christopher等，2008）；审计师丰富的执业经历有助于执业经验的积累、专业胜任能力的发挥，从而可以作为审计质量的保障（Chi等，2010）。审计师经验水平的高低可以通过职业判断能力与职业独立性两个方面对会计师事务所审计服务质量的高低产生影响。审计师对知识、经验和能力的获取和积累过程，是在特定行业或会计师事务所内长期进行“干中学”的过程。其中关于特定行业客户群的经验是审计师在长期执业过程中，通过对特定行业客户知识的积累而形成的特殊知识与能力。拥有客户行业知识的审计师能够更好地评估与客户相联系的审计风险，在制订审计计划时，能够较好地识别需要更多审计资源和审计关注的领域。

在实证研究文献中，审计师的执业经验主要通过累计执业年限、累计签发审计报告数量等指标进行度量。在实证章节的主测试中，以审计师累计执业年限作为其执业经验的替代变量；在稳健性测试中，则以累计签发审计报告的数量作为审计师执业经验的替代变量。

3.3　会计师事务所转制概念的界定与组织形式比较

中国注册会计师行业自1980年恢复重建后经历了两次具有里程碑意义的重大变革：一次是以1999年“脱钩改制”为标志的产权明晰改革，一次是以国办发〔2009〕56号文件[①]颁布实施为起点、以大中型会计师事务所特殊普通合伙转制为主要内容的组织形式变革。为将相关概念予以明确，以满足理论分析的需要，以下首先结合我国制度背景对会计师事务所

① 2009年10月3日，《国务院办公厅转发财政部关于加快发展我国注册会计师行业的若干意见》（国办发〔2009〕56号）颁布，这体现了国家对注册会计师行业的高度重视，也成为新时期、新阶段指导我国注册会计师行业持续发展的纲领性文件。

转制概念做出界定，随后对公司制与合伙制两大类别的企业组织形式之间在内部权责分配方面的主要差异做出比较分析，最后对合伙制范畴下几种具体组织形式的异同点及其当前适用领域进行归纳与比较。

3.3.1 会计师事务所转制概念的界定

从理论上来说，会计师事务所既可以采用公司制，又可以选择合伙经营，还可以选择个人独资。会计师事务所的组织形式选择及其变更，不仅由其本身的知识资本密集型所决定，而且与其所处国家或地区的法律、制度和经济环境以及行业发展背景直接相关。我国会计师事务所在组织形式选择方面，呈现出由以公司制为主到以合伙制为主的趋势，组织形式变迁的主要动力来自于行政干预和行业推动，同时又有国家立法作为重要的制度保障。

我国于1980年恢复注册会计师制度后，早期成立的会计师事务所主要挂靠在政府部门或事业单位，并非独立的经济实体。会计师事务所等一些“挂靠制”企业在1999年全面完成“脱钩改制”后，即面临着组织形式的选择问题。尽管1993年颁布的《中华人民共和国注册会计师法》规定了普通合伙制与有限责任公司制两种会计师事务所组织形式，但出于规避风险等因素的考虑，大部分会计师事务所注册为有限责任公司制。据2001年的统计数据显示：有限责任公司制会计师事务所3 681家，占当年会计师事务所总数（4 287家）的85.9%。此后的10年间，大体上延续了这一格局，有限责任公司制会计师事务所在2009年达到4 363家，且在当年排名前100强中，仅有3家会计师事务所为普通合伙制会计师事务所[①]。

会计师事务所采用有限责任公司制存在以下几个明显弊端：第一，对于共同债务股东仅以出资额为限承担有限责任，这淡化了风险意识，降低了审计师执业的谨慎程度，从而无法保证审计质量。第二，当发生审计失败时，对审计师的有限责任保护同时也意味着对债权人权利的侵害。第三，有限责任公司制要求出资人数量在50人以内，限制了会计师事务所的发展规模。第四，有限责任公司制要求按持股比例分配公司利润，未能

① 资料来源于中国注册会计师协会官方网站《中国注册会计师协会关于发布〈2009年会计师事务所综合评价前百家信息〉的通告》，网站地址为：http：//www.cicpa.org.cn/。

将审计师自身的业务质量纳入分配机制，不利于审计师执业积极性的提高。在国际大所陆续进入中国审计市场以及与审计执业质量有关的诉讼案件频繁发生的背景下，探索适应会计师事务所发展所需的组织形式，促进行业做大做强规模化发展成为当务之急。

20世纪90年代最早诞生于美国得克萨斯州的有限责任合伙制组织形式，既保留了普通合伙制的基本经营与治理模式，又通过赋予无过错合伙人有限责任的保护而在一定程度上降低了审计师的法律风险，并且在该组织形式下无过错合伙人无须为众多与自己可能并无业务联系的人员的过失承担无限连带责任还利于会计师事务所规模扩张。有限责任合伙这一新的组织形式，为中国注册会计师行业在会计师事务所组织形式方面的探索提供了一个重要参照。中国注册会计师协会下属的有限责任合伙立法课题组，通过对英美等国有限责任合伙的相关立法与实施情况的深入考察，于2004年7月向由全国人大财经委主持召开的合伙企业法修订研讨会提交了《关于有限责任合伙立法建议的报告》，该报告详细阐述了有限责任合伙制产生的背景、特点以及英美等国的立法与实施情况，有限责任合伙制组织形式由此被纳入《合伙企业法》立法议程。

2006年正式颁布的《合伙企业法》规定："以专业知识和专门技能为客户提供有偿服务的专业服务机构，可以设立为特殊的普通合伙企业。"这一规定为我国会计师事务所采用特殊普通合伙制组织形式扫除了法律障碍。特殊普通合伙制既注重在故意与重大过失情况下保护无过失合伙人，又兼顾一般或轻微过失时合伙人之间的风险共担，是在"普通合伙制"与英美"有限责任合伙制"基础上的制度创新[①]。2009年10月，国务院办公厅转发了财政部《关于加快发展我国注册会计师行业的若干意见》（国办发〔2009〕56号），为我国注册会计师行业做强做大提供了强有力的政策支持。此后财政部会同原国家工商行政管理总局于2010年1月颁布了《关于推动大中型会计师事务所采用特殊普通合伙组织形式的暂行规定》，对大中型会计师事务所采用特殊普通合伙制组织形式提出了明确要求。在政府

① 详见中华人民共和国财政部官方网站《突破会计师事务所做大做强瓶颈的重要制度创新——财政部会计司解读〈关于推动大中型会计师事务所采用特殊普通合伙组织形式的暂行规定〉》；本书第3.3.3节也将对"普通合伙"、"有限责任合伙"与"特殊普通合伙"三者之间的异同点进行详细比较分析。

部门的大力推动下，国内大型会计师事务所和证券资格会计师事务所在2013年年底全部完成工商注册，其组织形式主要由原来的有限责任公司制转变为特殊普通合伙制[①]。

为了使概念更加明晰并使问题研究的指向性更加明确，本书将会计师事务所转制概念界定为：以国办发〔2009〕56号文件颁布实施为起点、以国内大型会计师事务所和证券资格会计师事务所由有限责任公司制向特殊普通合伙制转制为主要内容的组织形式变革。

3.3.2 公司制与合伙制之间权责分配差异的比较分析

公司制与合伙制是传统商事主体组织形式的两大基本类别。我国《公司法》（2005年修订）规定了有限责任公司与股份有限公司两种公司组织形态，《合伙企业法》（2006）则对普通合伙、特殊普通合伙以及有限合伙三种合伙组织形式做出了规范。为了有利于理论分析的展开，以下首先区分公司制与合伙制这两大类企业的组织形态，对它们之间在内部权责分配方面的主要差异做出比较分析。

（1）两者在企业内部决策权配置方面的差异

有限责任制公司遵循的是以股权为基础分配决策权的机制（郑杨，2013）。公司是“资合”法人，为保障众多股东的利益，公司运行须遵循严格的法定程序并且应建立严密的内部治理结构。在合伙制企业组织形式下，合伙人之间互为代理关系，合伙人分别享有平等、共同参与合伙事务的权利并共同享有企业的经营决策与监督权，企业主要通过合伙协议来确定内部的管理模式、机构设置以及利润分享、债务分担等事项。《合伙企业法》（2006）规定：“按照合伙协议的约定或者经全体合伙人决定，可以委托一个或者数个合伙人对外代表合伙企业，执行合伙事务。”因此可以将合伙制企业的决策权配置方式称之为以合伙人拥有同等权利为基础的共同决策与委托执行（合伙事务）相结合的机制。

（2）两者在企业剩余收益分配方式上的差异

① 在国办发〔2009〕56号文件颁布实施之前，采用普通合伙制的证券资格会计师事务所仅有广东大华德律会计师事务所和五洲松德会计师事务所两家，两者所审计的上市公司数量相对较少且其后由于合并等原因而变更了主体，即转制之前大多数会计师事务所均为有限责公司任制。故而，本书对组织形式由有限责任公司制转换为特殊普通合伙制的会计师事务所做重点考察，下文若未做特殊说明，均指该种形式的转制，且主要针对具有证券资格的会计师事务所。

会计师事务所所处的专业服务业是共享的产业，合伙人共同分享专业服务的成果（陈毓圭，2016）。利润分享是合伙制企业组织形式的核心，也是体现其治理优势的主要来源（Levin和Tadelis，2005）。在具体的利润分享机制设计方面，中国注册会计师协会所发布的《会计师事务所特殊普通合伙协议范本》提出了按出资比例、平均分配或按约定比例分配等几种分配方式。合伙制会计师事务所内的利润分享一般采用平均分配制，有助于提高合伙人相互监督的激励（余玉苗和陈波，2002）。但是原有有限责任公司制会计师事务所的收益分配主要采用以结构工资制为基础的薪酬制（王彭果，2008）。根据谢德仁（2002）的观点，合伙制组织形式相较于公司制能够更好地体现企业剩余索取权与剩余控制权相匹配的原则。另外，合伙制企业一般不具备法人资格，不需缴纳企业所得税。

（3）两者在企业经营风险承担方式上的差异

在有限责任公司制组织形式下股东享有完全的有限责任保护，而合伙制企业的合伙人对企业经营中的风险以及由此所导致的债务或损失，需要以个人财产为抵押承担无限责任。《中华人民共和国注册会计师法》（2014年修订）第二十三条规定："合伙设立的会计师事务所的债务，由合伙人按照出资比例或者协议的约定，以各自的财产承担责任。"合伙制组织形式下的风险承担方式安排意味着，合伙人不仅需要对自身低能力或主观故意或失误所造成的损失承担无限责任，同时还要对其他合伙人或员工低能力或主观故意或失误所造成的损失承担连带责任。合伙制范畴下的三种具体组织形式，在连带责任承担方式和程度方面有所区别，3.3.3节将对此做出比较说明。

表3-1列示了公司制与合伙制这两大基本企业组织形式在权责分配方面的主要差异。

表3-1　　**公司制与合伙制在权责分配方面的主要差异**

企业组织形式	决策权配置	收益分配方式	风险承担方式
公司制	以股权为基础	薪酬制	有限责任
合伙制	共同决策+委托执行	利润分享	无限责任+连带责任

3.3.3 合伙制范畴下若干具体组织形式的比较分析

《合伙企业法》(2006)对普通合伙、特殊普通合伙以及有限合伙三种合伙企业组织形式做了规范，并赋予特殊普通合伙在合伙人法律责任配置与风险承担方面不同于英美等国有限责任合伙的新内涵①。为了将相关概念予以明确，下文首先阐述普通合伙、有限责任合伙和特殊普通合伙三者之间在权责分配方面的异同，然后将有限责任合伙制与有限合伙制进行比较，最后阐明几种合伙制组织形式当前的主要适用领域。

(1) 普通合伙、有限责任合伙和特殊普通合伙

普通合伙制、有限责任合伙制与特殊普通合伙制三种组织形式之间在经营管理和收益分配方面没有实质性差别，也均未改变合伙制下合伙人对合伙企业债务的“兜底”责任承担方式，三者之间的主要差别仅在于无过错合伙人对合伙债务连带赔偿责任的承担方式与程度不同。《合伙企业法》(2006)第二条规定:“普通合伙企业由普通合伙人组成，合伙人对合伙企业债务承担无限连带责任。”普通合伙中的责任承担方式，常常被称为是一种“连坐制”或“株连制”。会计师事务所若采用普通合伙制组织形式，则意味着无过错合伙人需要对由会计师事务所内其他员工的过失或渎职行为造成的损失承担无限连带责任。

隔离合伙的法律责任，让无过错合伙人免于对其他合伙人的过错行为承担无限连带责任，是有限责任合伙最突出、最基本的特性。有限责任合伙企业在经营管理、利润分配方面与普通合伙企业相类似。在责任承担方式上，对某一合伙人或者员工在提供专业服务时的错误、不作为、过失、低能力或渎职行为所产生的侵权与违约责任，全部合伙人仅以全部合伙资产为限对其债务承担有限度的连带责任。过错合伙人需要对超出合伙企业资产总额的未偿付债务独立承担无限赔偿责任。因此，有限责任合伙制下主要按照是否有过错来判断合伙人法律责任的承担程度，无过错合伙人仅以其在企业内的资产份额为限，为其他合伙人或员工的过失承担有限连带

① 对于特殊的普通合伙企业称谓问题曾有采用“有限责任合伙”的提议，但为避免“有限责任合伙”与“有限合伙”之间名称的混淆而未被采纳，但根据约定，英文仍使用Limited Liabiliy Partnesrship (LLP)。(详见：白晓红.“特殊的普通合伙”解读[J].中国注册会计师，2007(2).)

责任。另外在债务清偿顺序方面，有限责任合伙企业需要首先以自身财产独立承担赔偿责任，然后才由责任合伙人对债务的清偿承担无限责任。

《合伙企业法》(2006)第五十七条对特殊普通合伙企业中的连带责任承担方式的规定："一个合伙人或者数个合伙人在执业活动中因故意或者重大过失造成合伙企业债务的，应当承担无限责任或者无限连带责任，其他合伙人以其在合伙企业中的财产份额为限承担责任。合伙人在执业活动中非因故意或者重大过失造成的合伙企业债务以及合伙企业的其他债务，由全体合伙人承担无限连带责任。"上述规定表明，在特殊普通合伙制企业中，无过错合伙人需要根据其他合伙人或员工过失的程度或主观倾向不同，而视情况分别承担有限或无限"二元"连带责任。具体来说，可以将特殊普通合伙制企业中的过错合伙人和无过错合伙人的民事赔偿责任区分为以下几种：第一，过错合伙人本身需要对与执业活动相关的民事责任赔偿承担无限责任；第二，由过错合伙人的故意或重大过失而引起的民事赔偿责任，无过错合伙人仅需以出资额为限承担有限连带责任；第三，由过错合伙人的非故意、非重大过失而引起的民事赔偿责任，以及会计师事务所日常管理、对外交往中所产生的债务，由全体合伙人共同承担无限连带清偿责任。

简言之，在普通合伙制下无过错合伙人所承担的连带责任为无限责任；在有限责任合伙制下无过错合伙人仅以出资额为限承担有限连带责任，在特殊普通合伙制下无过错合伙人则需要根据其他合伙人或员工过失的程度或主观倾向不同，而视情况分别承担有限或无限"二元"连带责任。相对于有限责任合伙制，特殊普通合伙制对于合伙人的有限责任保护力度较小，有限责任的适用条件也更加严苛：在有限责任合伙制企业中，合伙人对合伙债务在多数情况下承担的是有限责任，仅在因某一合伙人不当行为引起的合伙债务时，当事人才可能承担无限责任或者无限连带责任；而在特殊普通合伙制企业中，合伙人在多数情况下承担的是无限责任或无限连带责任，仅在某一合伙人因其故意或者重大过失给企业造成损失时，非过错合伙人才有可能承担有限责任。

表3-2归纳了在普通合伙、有限责任合伙与特殊普通合伙三种组织形式中合伙人在民事赔偿责任承担方式上的差异。

表3-2　　三种合伙组织形式下合伙人责任承担方式差异

合伙制类型	过错性质	合伙人责任承担方式	
		过错合伙人	无过错合伙人
普通合伙	不适用	无限责任	无限责任
有限责任合伙	不适用	无限责任	有限责任
特殊普通合伙	故意或重大过失	无限责任	有限责任
	非故意、非重大过失	无限责任	无限责任

由表3-2的比较可以看出，相较于普通合伙制，会计师事务所采用特殊普通合伙制组织形式，使得无过错合伙人对于其他合伙人在执业活动中故意或重大过失所造成的损失免于承担无限连带责任，这体现了对无过错合伙人的有限责任保护。无过错合伙人根据他人过错的程度或主观倾向不同而视情况分别承担有区别的连带责任，对无过错合伙人进行责任保护的同时，也有助于会计师事务所内部监督、业务质量控制以及合伙文化的建立与形成。而英美等国的会计师事务所普遍采用的是有限责任合伙组织形式，无过错合伙人对过错合伙人过失行为所造成的损失在多数情况下仅需以其合伙财产份额为限承担有限连带责任，这在某种程度上减弱了合伙人之间相互监督的动力，不利于会计师事务所整体的业务质量控制，同时也弱化了合伙人之间风险共担、收益共享的合伙文化氛围。

（2）有限责任合伙与有限合伙之间的区别

《合伙企业法》（2006）所规定的有限合伙与上文提到的有限责任合伙两种组织形式之间在概念上比较容易混淆，但事实上两者在合伙主体、经营管理与风险承担等方面存在很大差异。有限责任合伙企业的合伙人均为普通合伙人，合伙人以同等权利参与合伙事务管理，并以合伙协议为基础或者按约定的比例参与利润分享。在风险承担方面，有限责任合伙制下主要按照是否有过错来判断合伙人法律责任的承担程度，无过错合伙人在多数情况下仅以其在企业内的资产份额为限承担为他人过失所造成的损失承担有限连带责任。而有限合伙企业中存在普通合伙人和有限合伙人两种不同类型的合伙主体，他们在企业运营中分别扮演着不同的角色。

《企业合伙法》（2006）第六十一条明确规定：“有限合伙企业至少应

当有一个普通合伙人。”在有限合伙企业中，普通合伙人与有限合伙人两种行为主体在权责配置方面的区别主要有：第一，在经营管理权方面，有限合伙企业由普通合伙人执行合伙事务；有限合伙人不执行合伙事务，不能够对外代表有限合伙企业。第二，在收益分享方面，有限合伙人一般作为资金提供方而分得企业的大部分利润，而承担个人责任的普通合伙人的所得一般仅是盈利的一小部分。第三，在风险承担程度与方式上，普通合伙人对于有限合伙企业债务的清偿需要承担无限责任或无限连带责任，而有限合伙人对于合伙企业的债务清偿仅需以其认缴的出资额为限承担有限连带责任。

由以上比较可以看出，“有限责任合伙”与“有限合伙”虽然名称上有些接近，但是“有限责任”的适用范围在两者之间完全不同。有限责任合伙企业中，对合伙人的有限责任保护主要适用于由其他合伙人过错造成损失的情形；而在有限合伙企业中，对合伙人的有限责任保护则适用于“有限合伙人”这一特定类型的合伙主体。简单来说，“有限合伙”可以被看作是在“普通合伙人”与“有限合伙人”两种类型的行为主体之间所建立的特殊合伙契约，其特别之处主要体现在“有限合伙人”这一行为主体的权责承担方式上：他们在收益分配权享有方面符合合伙人特征，在风险承担方式上与公司股东相类似，但又不能够像普通合伙人或公司股东一样享有经营决策权。

表3-3对有限责任合伙与有限合伙这两种组织形式之间的主要差异做了归纳。

表3-3　**有限责任合伙与有限合伙两种组织形式的主要差异**

“合伙制”类型	合伙主体	决策权	收益分配权	合伙人责任承担方式	
				过错合伙人	无过错合伙人
有限责任合伙	普通合伙人	共同决策	共同分配	无限责任	有限责任
有限合伙	有限合伙人	无	按约定比例	不适用	有限责任
	普通合伙人	共同决策	按约定比例	无限责任	

（3）“合伙制”立法进程与当前主要适用领域

合伙是一个古老而又有生命力的人类生产活动组织方式（纪益成，2000），在当前知识资本密集型产业中大行其道（陈和和隋广军，2011）。早期工商业组织的合伙一般采用普通合伙制企业的形式，后来随着经济发展与法律环境的变迁又逐渐衍生出了另外的几种组织形式。

作为注册会计师职业的发源地，英国的会计师事务所长期以来主要采用个人独资或者普通合伙制两种形式。由于20世纪70年代以后与审计师执业有关的法律诉讼频繁爆发，将会计师事务所变更为公司制来降低审计师的执业风险，成为当时注册会计师行业的一个重要诉求。尽管英国于1989年对《公司法》进行了修改，允许会计师事务所采用公司制组织形式，但仅有极小比例的会计师事务所进行了公司制改制。当有限责任合伙这一新的合伙制组织形式于20世纪90年代在美国得克萨斯州首先出现以后，很快就引起了英国审计界的兴趣。2000年，英国议会通过了《有限责任合伙法》，规定有限责任合伙是一种面向专业服务企业以及普通中小工商企业的组织形式。当前英美以国际“四大”会计师事务所为首的很多大中型会计师事务所都采用了有限责任合伙制组织形式。

采用公司制组织形式的“审计公司”，曾经在美国注册会计师行业发展的早期普遍存在。然而随着1938年注册会计师职业守则的出台，有限责任公司制会计师事务所被明令禁止，除了极少的个人独资会计师事务所外，普通合伙制成为会计师事务所组织形式的唯一选择。20世纪60年代末期，在业界对审计执业团队进行有限责任保护的呼声下，注册会计师协会解除了对有限责任公司制的禁令，部分会计师事务所又重新变更为有限责任公司制。20世纪80年代，美国的“储贷危机”引发了对会计师事务所和律师事务所的“诉讼爆炸”，进而促进了有限责任合伙制组织形式的诞生。1996年，美国统一州法委员会在协调各州有限责任合伙立法的基础上对《统一合伙法》进行了修改，正式采纳了对有限责任合伙组织形式的规定。当前在美国会计师事务所中，存在普通合伙、有限责任合伙、有限责任公司以及个人独资四种组织形式，其中有限责任合伙制会计师事务所所占的比例较高。

在中华人民共和国成立后的很长一段时间内，企业类型的划分主要以所有制性质、行业、地域等为标准，法律上并没有对合伙制这种以出资方式划分的企业形态进行规范。改革开放以来，企业的经营模式呈现多样化趋势，同时国家也加强了立法工作，将合伙制企业作为与公司制企业并存的企业形态加以规范。1997年首次颁布的《中华人民共和国合伙企业法》对普通合伙制进行了规范，其调整对象主要是中小型企业。2006年新修订的《合伙企业法》规定了普通合伙、特殊普通合伙以及有限合伙三种合伙企业组织形式。国内大型会计师事务所和证券资格会计师事务所全部在2013年年底完成工商注册，其组织形式变更为特殊普通合伙制。

有限合伙制的雏形源自于中世纪地中海沿岸进行海上贸易的康曼达契约。为了规避投资风险，财富拥有者通常与富有冒险精神的航海人进行基于康曼达契约形式的合伙。出资者与航海人按照事前协议对盈利进行分配，经营亏损时则由航海人对债务清偿承担无限责任，出资者仅以出资额为限承担有限债务清偿责任。基于康曼达契约的合伙形式后来被应用到陆上贸易，并逐渐演变为隐名合伙与两合公司。1916年美国根据两合公司的精神制定了《统一有限合伙法》，有限合伙得以逐步发展。当前有限合伙制组织形式主要被应用于风险投资公司、风险投资基金等资金密集型的风险投资机构。会计师事务所属于知识资本密集型企业，在其运营过程中不需要很多资金，并且审计执业活动对专业性的要求较高、风险较大，具有专业能力的合伙人不愿让只承担有限责任的资金提供者来坐享其成，因而目前采用有限合伙制组织形式的会计师事务所非常少见。

表3-4归纳了对上述几种“合伙制”率先立法的国别以及它们当前各自的主要适用领域。

表3-4 **几种合伙制组织形式的诞生地及主要适用领域**

“合伙制”类型	最早立法地（时间）	主要适用领域
普通合伙	不详	广泛分布于各种类型的工商企业
有限责任合伙	美国（1996年）	英美等国会计师事务所、律师事务所等专业服务企业
特殊普通合伙	中国（2006年）	中国内地的大中型会计师事务所
有限合伙	美国（1916年）	风险投资公司、风险投资基金等风险投资企业

3.4 会计师事务所转制、审计师知识资本与审计质量的理论基础

3.4.1 知识基础观与动态能力理论

知识基础观是将知识资本视为一种关键性资源，来解释企业在市场上竞争优势来源的理论，是企业资源基础观的深化和扩展。Wernerfel（1984）认为，企业的竞争优势并不能简单地归结为所处的市场结构和市场机会，而是来自于各种不同的、不能转移和模仿的组织资源，并基于企业之间资源异质性的假设将企业资源分为有形资产和无形资产，解释了由内部资源所决定的企业可持续竞争优势，提出了资源基础观的理论观点。

Demsetz（1991）指出，企业是一个知识的集合体。Barney（1991）提出了确定企业竞争优势资源的酸性测试指标：客户价值创造性、资源的相对稀缺性、不可完全模仿性、不可替代性。Roos（1997）研究发现，“知识”是能够通过Barney所提出的“酸性测试”的唯一资源，知识资本概念是对企业资源基础观的精炼，因而知识基础观的理论观点可以建立在资源基础观的理论基础之上。Grant（1996）从知识可转移性、知识整合能力、知识专用性、知识获取的专门化以及生产所需的知识类型等方面分析知识的性质，对知识基础观进行了系统阐述。知识基础观主张，知识资本是企业竞争优势的根源，企业内部的隐性知识难以被竞争对手模仿，并且由当前知识资本存量所形成的知识结构也决定了企业发现未来机会、有效配置资源的方式（Beckman，1999）。

Teece等（1997）指出，资源基础观及其所衍生的知识基础理论都是基于静态的假设来解释企业是如何获取并保持竞争优势的；基于企业所处环境的动态变化性特点，Teece（1998）提出了企业动态能力的理论观点。动态能力既是企业整合、建立或重组内部和外部资源以适应环境变化的一种能力（Teece等，2001），又是企业获取、整合、扩散和重构资源以适应甚至创造市场变化的过程（Eisenhardt和Martin，2000）。Verona和Ravasi（2003）指出，对知识资本的创造和吸收能力以及对知识资本进行重新配

置的能力是企业动态能力的内在基础，对知识资本进行获取、吸收、创造、整合所形成的动态能力支撑着企业的竞争优势。Adams和Lamont（2003）认为员工对知识资本的动态管理和运用，是促进企业重新配置资源的动力，对于动态能力的获得起到重要的支撑作用。专业服务企业的核心问题在于知识资本的生产、分享和运用（Brivot，2012），不断获得新的知识以及整合知识实现产品创新和工艺创新的动态过程是企业竞争力的主要来源（Wu，2012）。Suseno和Pinnington（2017）将知识基础观与动态能力理论相结合，论证了在专业服务企业中专业人员通过发挥对专业知识的运用能力而有助于企业动态能力的提高，同时也论述了专业人员在运用专业知识的过程中所面临的挑战。

知识基础观与动态能力理论的主要观点与会计师事务所及审计师的执业特征相吻合：第一，知识资本是企业中极为重要的生产性资源。专业人员在服务市场上运用不同类型的知识为客户提供解决方案，从事“知识套利”行为（Seabrooke，2014）。在这一点上审计师与其他类型的专业人员是一致的，即利用自身的专业知识和技能为客户提供审计鉴证和其他类型的非审计服务，这类业务是会计师事务所收入和利润的主要来源。第二，知识可以分为显性知识和隐性知识两类，前者由于可以被“编码”而转移成本较低，后者仅能在应用中被体现因而较难转移。审计师的知识资本既有通过学历教育取得的显性专业知识，又有在执业过程中通过“干中学”所逐步获得和积累的执业经验和客户知识等隐性知识。第三，知识还可以分为通用性知识与专用性知识，前者可以被广泛理解因而容易聚集起来完成某些生产活动，后者与特定时间和特定环境相关因而散落在各处难以聚集，知识转移的难度还取决于接受者的知识学习能力。审计执业活动既需要通用性审计知识，又需要行业专门化或者客户专用性的知识。第四，大多数知识尤其是显性知识具有规模和范围经济性，一旦被创造则其被使用的边际成本很低。审计活动往往以项目团队的形式开展，知识资本的这个特征有利于团队知识的集成和运用。第五，个人是知识的主要创造者，也是隐性知识的主要储存地。这一点在会计师事务所等专业服务企业中体现得更为明显，高知识资本审计师在执业过程中发挥的作用往往更大。第六，高知识资本者具有较强的学习能力和连续不断地获取、积累、利用和创造知识的能力。高知识资本审计师不仅拥有较多的专业知识和技能，而且拥有卓越的职业判断能力，是会计师事务所提高审计服务质量进而在市场竞争中获得动态优势的关键性资源。

3.4.2 知识集成理论

Demsetz（1988）最早提出知识集成的概念，他认为企业存在的原因之一就是要实现市场机制所无法达成的知识集成工作。Kogut和Zander（1992）认为，知识集成就是把现有的知识重新组合并运用开发潜在的知识，重点在于知识的结合能力和潜在的开发能力，整合工具除靠硬件外，还需要人员的沟通与文化的共通。知识集成是一个项目团队通过实践将他们的组件知识集成为项目执行中的高层次的体系知识（Tiwanna，2001）。这就意味着知识可以在需要的地方被交换、共享、发展、精炼等，因此知识集成过程可以从组织、团队和个人等不同层面来理解（Badii和Sharif，2003）。

Nonaka和Takeuchi（1998）基于显性知识和隐性知识这两种知识形态之间的差别，提出了著名的SECI模型。该模型将知识集成与传导划分为四种模式：第一种是社会化模式，即通过共享心智模式和相关专业技巧创造新的隐性知识，个人隐性知识只有通过观察、模仿、体验性练习才能被习得，因而需要建立团队成员的互信。第二种是外显化模式，即将隐性知识转化为可用的显性概念的过程。隐性知识一旦外显化，知识就是明晰的，不但可以被其他人共享，还可以成为新知识的基础。第三种是联结化模式，通过这一过程显性知识可以转化为更复杂和系统的显性知识。这一模式的关键步骤包括获取、归并、综合、调整和扩散组织内外已有的知识。第四种是内在化模式，这一模式与“干中学”密切相关，个人的经历与能力在其中起着关键性作用，通过“干中学”过程中的模仿和经验积累可以将显性知识内在化为隐性知识。

知识资本成为知识创造流程的输入因素、输出因素和调节因素，是知识集成的基础，对于知识的集成与分享意义重大（Nonaka等，2000）。Nonaka（2008）进而将知识资本分为四类：第一类是经验性知识，包括可分享的隐性知识、可传授的技能以及组织情感等。第二类是概念性知识，主要是指通过符号或图像可以交流的显性知识，如产品概念、品牌以及各种创意等。第三类是系统化知识，比如员工手册、工艺指导书、产品目录、授权专利等。第四类是惯例性知识，包括组织日常运作中的知识、组织规范、企业文化等。

审计师执业过程是知识资本的运用过程，同时也是知识的集成与创造过程：第一，在审计项目团队中，个体审计师在知识和技能方面存在差异，各自拥有不同的特长，在执业的过程中通过团队层面的知识集成将各自的组件知识集成为项目执行中的高层次体系知识，并通过对高层次体系知识的综合运用而有效完成审计任务，进而输出了审计报告这样一种显性知识，这一过程即是知识的外显化过程。第二，个体审计师在项目团队执业过程中，通过对知识较为丰富或富有经验的合作伙伴进行观察、模仿等，提高了自身的职业判断能力、决策能力、应对突发事件的能力等，创造了为自身所拥有的新的隐性知识。第三，审计执业过程即是对被审计单位财务报表知识进行归纳、综合、调整的过程，最后将审计结果高度凝练为审计报告，因而可以将审计执业过程看做是知识集成中的联结化过程。第四，审计执业过程是审计师“干中学”的过程，将各种显性知识内在化为隐性知识，审计师积累了经验、提高了技能，为下一次审计执业活动的开展与个体知识集成提供了新的基础。

3.4.3　知识治理理论

随着知识经济时代的到来，知识资本的战略性地位日益凸显，大量涌现出的知识密集型的“新型企业”引发了学者们对现有企业及企业治理理论的反思。他们认为交易成本理论不能有效解释以知识资本获取、创造、利用等活动为中心的企业本质，企业形态的多样化以及对企业运作机理的探索需要新的企业治理理论。知识资本的隐性特征以及解决问题的复杂性导致了知识管理实践的产生，在知识生产、流动与分享的过程中产生了签约风险，进而需要选择合适的治理模式防范这种风险（Nickerson，2002）；“知识治理”观点的出现，为解决治理问题与知识过程、知识与组织之间存在的间隙等方面的研究提供了理论基础（Foss和Mahoney，2010）。

“知识治理”的概念最早由意大利组织理论学家Grandori（1997）提

出，他认为知识治理的关键在于通过治理结构的选择和治理机制的设计来实现知识利用和创造的最优化。知识治理有两层含义：广义的知识治理包括组织间的知识治理，狭义的知识治理是指组织内部的知识治理。知识治理较之于组织控制层面的知识管理，更侧重于制度层面上的激励和引导（Grandori，2001）。吕佳等（2017）将知识治理理解为一种治理结构和治理机制方面的设计，其根本目的在于促进企业内知识资本的共享以及使用的最优化。

当前知识治理理论领域的研究主要涉及以下主题：第一，作为企业理论拓展的知识治理理论。理论描述与现实生活中存在的多样化治理形式相比显得过于简单，需要将产权配置与协调机制进行合理匹配，以分析以知识资本获取和创造为中心的多样化的企业治理形式（Grandori，1997）。Madhok（1996）在分析了交易成本理论的内在缺陷后，提出应该用以知识创造为中心的组织能力观来解释企业基本问题。第二，知识活动与知识治理。该主题主要运用已有的理论和工具来探讨如何有效治理各种“知识活动”（Choi等，2005）。第三，作为独立研究领域的知识治理。以Foss为代表的一批学者将知识治理看作是联结知识管理与组织理论的桥梁（Foss等，2003）。

Rajan和Zingales（1998）通过对知识经济时代“新型企业”治理问题的考察，提出了基于知识治理的进入权（Access）理论。进入权理论较之于产权理论更接近现实、更具解释力（杨其静，2002），为现代知识型企业的治理实践提供了一个很好的发展方向（廖飞和茅宁，2006）。专业服务企业是以高度专业化的人力资本为主要构成、提供基于复杂知识的无形服务的企业（Greenwood等，2005），决定会计师事务所发展和绩效的关键资源不再是物质资本，而是包括审计师知识资本在内的不具备完全的产权特性的无形资产。知识资本由于与其所有者的不可分性而使其自身具有高度的“黏性”，从而使得“进入权激励”成为对专用性投资最好的一种激励方式（雷宏振和王盼，2011）。以进入权理论为基础构建会计师事务所内部治理机制有利于对审计师的保留和激励，进而有助于提高会计师事务所的执业效率与审计服务质量（唐衍军，2016）。基于知识治理的进入权理论，对特殊普通合伙转制后的会计师事务所内部治理机制进行系统构建，有助于对高知识资本审计师的专用性投资形成有效激励，从而对审计质量的提高起到显著的促进作用。

3.4.4 高阶梯队理论

Hambrick和Mason（1984）在工作团队理论的基础上提出了高阶梯队理论，将研究视野由员工个人或CEO个人拓展到高管团队。该理论认为，管理者不可能对所有方面进行全面认识，基于组织内外部环境的复杂性他们只能有选择性地进行观察和决策。因此，高管团队成员的知识、学习能力、认知结构、洞察力、价值观等个人特质会影响其对战略的选择，并对企业经营决策产生影响。高阶梯队理论强调利用管理者可观测的年龄、职业背景、教育水平、工作经历、财务地位等特征作为衡量和判断其管理倾向和偏好的重要指标。以高阶梯队理论为基础的研究正逐渐将研究视角转向对战略决策制定产生较大影响的高管团队成员，跳出管理者团队的框架，着重研究单个管理者的特征对企业决策与企业行为的影响（李四海等，2017）。

高阶梯队理论在当前应用中存在的主要问题是：该理论由于没有考虑到高管特征与企业战略选择和绩效之间可能存在的中间变量，进而导致以此为基础的实证研究结果出现了分歧。Carpenter（2004）对高阶梯队理论的静态观点提出了批判，并在此基础上结合委托代理理论，构建了“多理论整合模型”，并在该模型中考虑到了中间变量的影响。该模型在高管特征变量选择方面的改进主要有：第一，纳入了高管团队构成的外部环境和组织层面的前因变量。第二，摒弃高管的性别、年龄等单纯的人口学特征，而采用了与组织产出联系更紧密的知识、技能、人力资本、社会资本、行为倾向、资源获取能力等特征。第三，在高管团队特征变量与组织产出变量之间加入高管人口特征的调节变量，如权力，激励、团队流程、团队特质一致性、自由裁量权等。第四，在考虑商业、竞争战略、战略交互、国际化等因素的基础上，从更为广泛的角度衡量组织绩效。

高阶梯队理论及其拓展模型对本书研究的启示主要有：第一，审计质量作为审计执业行为最重要的输出因素，其水平高低不仅取决于审计师的执业努力程度与会计师事务所的质量控制程序，而且与审计师个体的特质息息相关，审计师知识资本是影响会计师事务所审计服务质量的一个重要因素。因此，需要在考察会计师事务所转制所带来的整体审计质量提升效果的基础上，基于知识资本的动态特征，进一步将研究视角拓展到审计师个体层次，进而由宏观和微观两个层面对会计师事务所转制的审计质量提升效应予以动态研究与整体呈现。第二，审计师个人的专业知识、执业经验、学习能力等与审计职业技能的获得和保持息息相关，而审计师的性别、年龄等单纯的人口学特征与职业技能之间的关系较为间接。故而本书在审计师知识资本变量的选取中，着重强调了与审计知识以及知识集成和获取能力更加相关的变量。第三，在审计师个体因素与审计质量输出因素之间，还存在着制度因素、组织环境、激励、工作团队特征等前因或调节变量，在审计师知识资本与审计质量之间关系的考察中需要将这类前置变量纳入考量范围。本书将对审计师知识资本与审计质量之间关系的考察，嵌入我国大中型会计师事务所特殊普通合伙转制这一重要制度背景之中，研究会计师事务所转制所引起的激励与约束机制变化对审计师知识资本与审计质量之间关系的动态影响，不仅是对高阶梯队理论及其拓展模型的一项具体运用，而且是在审计质量提升路径与机理探索方面所做的动态深化研究。

第 4 章

会计师事务所转制、审计师知识资本与审计质量的机理分析

本部分主要采用理论演绎与数理模型分析相结合的方法，推演出对后文实证研究起引领作用的基础命题。第一，以内部权责配置的多视角分析为基础，通过模型推导提出会计师事务所转制与审计质量之间关系的命题；第二，分别基于教育水平和执业经验两个维度，分析审计师知识资本与审计质量之间的静态关系，并通过模型分析提出命题；第三，由审计师知识资本的动态特征和会计师事务所转制所引起的激励机制变化入手，分析审计质量提高的逻辑路径，并通过模型推演提出会计师事务所转制、审计师知识资本与审计质量之间关系的命题；第四，对本章内容做小结。

4.1 会计师事务所转制与审计质量

根据前文分析，公司制与合伙制会计师事务所在权责分配方面的差异主要体现在三个方面：第一，决策权配置方面。有限责任公司制会计师事务所遵循的是以股权为基础分配决策权的机制，而合伙制会计师事务所的决策权配置则是以合伙人拥有同等权利为基础的共同决策与委托执行相结合的机制。第二，收益分享方式方面。有限责任公司制事务所的收益分配主要采用以结构工资制为基础的薪酬制，而在合伙制会计师事务所中合伙人共同参与利润分享。第三，风险承担方式方面。在有限责任公司制会计

师事务所中，股东以出资额为限承担债务清偿责任，享有完全的有限责任保护；而在特殊普通合伙制会计师事务所中，合伙人仅对他人存在重大或故意过失情况下形成的债务或造成的损失承担有限责任，对合伙人的有限责任保护非常有限，合伙人的法律责任风险较高。

当前有关会计师事务所转制对审计质量影响的研究多数从法律责任视角展开分析，而忽略了会计师事务所转制前后在决策权配置和收益分享方式方面的差异对审计质量的影响。一般来说，合伙制组织形式下的决策权配置和利润分享机制与风险共担机制之间的关系更能体现权责利对等的原则，对合伙人而言更能体现薪酬分配与决策权配置的公平性，进而能满足专业人员的高层次需求，对审计师的执业努力具有很高的激励效果。以下在分别以决策权配置、利润分享、法律责任为视角分析的基础上，通过理论模型构建与分析提出会计师事务所转制与审计质量之间关系的命题。

4.1.1 基于决策权配置视角

会计师事务所作为向客户提供审计鉴证等专业服务的一种企业形态，不断提高审计服务质量从而提高证券市场的资本配置效率是其最重要的职责。审计师这一专业人士团队是审计服务提供的主体，他们的专业胜任能力、执业审慎性以及努力程度是审计质量提高的最重要保障。无论采用任何组织形式，会计师事务所的决策权都应始终控制在专业人士的手中（余玉苗和陈波，2002）。然而会计师事务所在有限责任公司制组织形式下以股权作为决策权分配的基础，与会计师事务所这一专业人士联合体的本质特征不相符。在有限责任公司制组织形式下，出资多的股东更有决策权，具有较强专业能力的执业审计师可能并不是出资多的股东，从而可能会出现会计师事务所的决策权与审计师的专业能力倒置的现象。执业审计师要承担由自身执业带来的风险，但是如果他在会计师事务所内没有决策权，那么就意味着风险与责任的严重不对等，这会严重影响审计师在执业过程中的判断和决策，进而对审计质量产生不利影响。从另一方面来说，拥有较大决策权的股东很可能因为自身不具备专业能力或者不参与执业过程而做出错误决策，或者他要经过和执业审计师的沟通才能做出决策。这不仅不符合“让听见炮声的人做决策”的原则，还可能由于决策中的信息不对称以及代理问题的出现而导致决策失误。

在特殊普通合伙制组织形式下，会计师事务所内的决策权为全体合伙人共同拥有，合伙人以进入权即对自身知识资本的运用与控制能力实施执业中的判断与决策。将会计师事务所的决策权授予知识资本水平较高的合伙人，可以使高质量人力资本在更大程度上与会计师事务所的关键性非人力资本相结合，从而对于提升会计师事务所的执业效率与审计服务质量有重要意义（蒋尧明和唐衍军，2016）。合伙制组织形式下的共同决策机制对于审计质量提高的促进作用主要表现在以下几个方面：第一，会计师事务所是知识资本密集型专业服务企业，会计师事务所的运营和决策应首先照顾专业人员的利益和感受。以合伙人拥有同等权利为基础的共同决策与委托执行相结合的机制，突显了合伙人的权利、义务和责任的对等性，有利于满足专业人士的工作成就感与自我实现的需求。第二，会计师事务所的全体合伙人参与共同决策，在执业行为、决策权与职业责任等方面实现了有效统一，有助于审计师根据业务的性质与特点在具体执业过程中做出理性决策。第三，以合伙人拥有同等权利为基础的共同决策与委托执行相结合的机制，有助于建立良性的合伙文化，审计师之间在协商共赢的基础上实现有效合作，进而促进会计师事务所整体审计执业质量的提高。第四，在会计师事务所重大事务共同决策过程中，合伙人之间能够畅所欲言、有效沟通，这有助于增进审计师之间的信任与合作，使会计师事务所的发展能更好适应行业需求，进而提高其执业效率与审计服务质量。第五，鉴于合伙人之间知识与能力等方面存在差异性与互补性，会计师事务所在实际运营过程中，在重大事务共同决策的原则之下，一般根据不同合伙人的专业特长并参照具体业务性质的不同赋予执业合伙人更重要的决策权限，这不仅有助于会计师事务所内部知识资本的优化配置，而且有利于发挥高知识资本审计师的示范效应，从而带动审计师团队整体执业水平的提升，进而提高会计师事务所审计服务的整体质量。

4.1.2　基于利润分享视角

有限责任公司制要求按持股比例分配公司利润，未能将审计师自身的业务质量纳入分配机制，因此不利于审计师执业积极性的提高。利润分享是合伙制组织形式的最重要特征（Levin和Tadelis，2005），当企业生产对关键性人力资本的依赖性不断增强并且人力资本较难控制时，利润分享可作为一种协调人力资本的治理手段（陈和等，2012）。在特殊普通合伙制会计师事务所中，合伙人之间平等地拥有剩余收益的分享权，因而能够自觉地提高执业努力程度、发挥主观能动性并审慎执业，从而有利于提高会计师事务所的审计服务质量。谢德仁（2002）将企业看作是市场中由要素所有者签订的一组不完备的要素使用权交易合约的履行过程，并认为该合约的关键内容就在于企业剩余控制权与剩余索取权的安排。由此观之，在特殊普通合伙制会计师事务所利润分享与决策权配置方式下，剩余索取权与剩余控制权达到了最好的统一，权利的均衡配置有助于合伙人更积极和有效地参与决策、分享企业的剩余收益，并能够发挥主观能动性、积极提高审计服务质量。

具体来说，特殊普通合伙制会计师事务所中的审计师参与利润分享对于审计质量提高的促进作用主要表现在以下几个方面：第一，审计师参与利润分享有助于促进其知识资本专用性投资水平的提高。专用性投资的易“套牢”特性会抑制审计师对其知识资本进行专用性投资的热情，而在利润分享机制下高知识资本审计师能够参与利润分享，这可以视为对其专用性投资的一种补偿，从而对其进一步的知识资本专用性投资产生激励作用，有助于提高会计师事务所内审计师知识资本的整体水平，进而有助于提高审计质量。第二，利润分享机制使得知识资本水平较高的审计师作为关键性资源拥有者而分享会计师事务所剩余收益，这有助于激发审计师的工作热情，通过激励来规避审计执业团队生产中的“偷懒问题”，从而提高会计师事务所内的审计师整体的执业努力程度。第三，审计师参与利润分享可以使得知识资本水平较高的审计师成为利益共同体，从而有效增进审计师之间的交流与合作，促进审计执业效率和审计质量的提升。第四，利润分享意味着在位合伙人与新晋合伙人之间共同分享会计师事务所的剩余收益，这可以促使在位合伙人在新晋合伙人的遴选、甄别以及培养工作上更加尽责，从而有助于提高会计师事务所核心执业团队的质量，也有助于会计师事务所整体审计服务质量的提升。第五，审计服务的专业性较强，审计服务质量难以被直接监督，审计师参与利润分享意味着会计师事务所内的专业人员之间收益共享、风险共担，这可以激励全体成员自觉地去监督其他成员的执业行为和工作质量，在有效合作的基础上形成同事监督的氛围，从而为会计师事务所整体审计执业质量的提高提供内在动力。

4.1.3　基于法律责任视角

在有限责任公司制会计师事务所中，股东仅以出资额为限承担债务清偿责任，并享有完全的有限责任保护。然而会计师事务所采用有限责任公司制组织形式有以下几个明显弊端：第一，对于合伙企业的共同债务，在多数情况下股东仅以出资额为限承担有限责任，从而淡化了审计师的风险意识，降低了审计师执业的谨慎程度，进而无法保证审计质量。第二，在发生审计失败的情况下，对审计师的有限责任保护同时也意味着对债权人权利的侵害，从而不利于资本市场秩序的维护，也会对会计师事务所以致注册会计师行业的声誉产生负面影响。第三，有限责任公司制会计师事务所要求出资人数量在50人以内，这一规定降低了因人数限制而未能成为出资者的高知识资本审计师的职业期望，同时也限制了会计师事务所的规模扩张，从而不利于会计师事务所品牌声誉的建立，以及审计质量的提高。

在特殊普通合伙制会计师事务所中，合伙人在多数情况下承担无限责任或无限连带责任，承担有限责任的情形仅限于某一合伙人因其故意或者重大过失给企业造成损失时，法律责任风险较大。审计师对在执业过程中由于自身过失或渎职行为造成的损失承担无限责任，一旦发生审计失败，财务报表使用者等利益相关者都将成为潜在的受害者，从而对审计师的执业行为汇聚成一股强大的制约力量，使得缺乏执业审慎性和诚信的审计师无处遁形。在特殊普通合伙制组织形式下，合伙人主体责任的无限责任承担机制，要求合伙人以自身的职业声誉和个人财产为担保进行执业活动，这对审计师的执业行为形成了很大的约束，审计师必须提高自身的执业审慎性，认真权衡每一笔业务的收益和风险水平，将风险意识贯穿整个业务的始终，扎扎实实做好风险评估与业务质量控制工作，将遵守职业道德、提高审计业务质量变成一种自觉的行为。

在特殊普通合伙制组织形式下，对于非因故意或者重大过失造成的合伙企业债务以及合伙企业的其他债务，每个合伙人都有义务按照债权人的要求进行清偿，且这种债务的清偿不是以出资额为限，还可能追索到每个合伙人的个人财产。在连带责任追究机制的约束下，会计师事务所的全体审计师更加有动力遵守职业道德与执业纪律，从而自觉防范自身的执业风险。进一步来说，这种连带赔偿机制不仅迫使每位审计师谨慎执业，恪尽职守，而且能够使每位审计师的行为受到其他合伙人的监督，并且每位审计师都有很强的动机去监督其他员工的执业行为，从而在审计师之间形成相互监督的氛围，进而实现会计师事务所执业过程中的“全员风险控制”。由连带赔偿机制本身产生的审计师风险意识和会计师事务所内部质量控制的需求，比监管机构从外部施加的压力更为强大和有效（汤云为，2002）。责任分担机制通过激励审计师之间的互相监督，对审计师的机会主义行为产生制约作用（Empson和Chapman，2006），并且在高法律责任约束下所自发形成的会计师事务所内部质量控制要求和内部监督体系，同时也有助于提高审计执业团队的业务质量控制水平，从而在整体上提高会计师事务所的审计服务质量。

4.1.4 模型分析与命题提出

由前文分析可以看出，相较于有限责任公司制会计师事务所，合伙制会计师事务所内的权责分配充分体现了“责任共担、权力分享”的原则，更能满足专业人员的高层次需求，对审计师的执业努力具有很高的激励效果。合伙制组织形式最明显的特征是在其合伙成员间平均分享利润（Levin和Tadelis，2005）。在公司制组织形式下一般采用雇佣制，专业人员一般仅领取金额相对固定的工资，不是最终的风险承担者，同时也不享有剩余索取权。Alchian和Demset（1972）较早探讨了知识型员工的团队生产问题，并通过赋予团队成员剩余索取权论证了合伙制的治理绩效问题。以下将审计质量团队生产纳入一个理论模型，论证公司制与合伙制两种团队生产组织模式对审计师激励效果的差异，进而提出会计师事务所转制与审计质量之间关系的命题。

（1）模型描述

将审计质量生产看作审计师进行团队生产的过程，给出审计质量函数的定义。在假定团队成员同质即能力一致的前提下，审计质量的提高与审计师执业的努力水平正向关联，因此可以将审计质量设定为审计师执业努力水平的函数。

将审计师的执业努力水平设为一个连续变量e，$e \in [e_l, e_h]$，其分布函数为F(e)，概率密度函数为f(e)，为简单起见，假定e服从0-1分布。以下给出审计师执业团队生产中审计质量函数的定义：

定义1：在审计师执业团队生产中，审计质量可定义为审计师关于执业努力水平的一个连续函数：

$$Q(e) = \frac{1}{1-e}\int_e^1 e\,de = \frac{1+e}{2} \qquad \text{（公式4-1）}$$

审计执业团队生产的价值在于提供高质量的审计服务，提高资本市场的资源配置效率。因而假定市场支付给审计执业团队的审计服务价格等于其审计服务质量，即$P(e)=Q(e)$。由于信息不对称，资本市场上的消费者不能获得会计师事务所审计质量的完全信息。假定市场能够对审计质量进行正确评价的概率为λ，则在（1-λ）的概率下，消费者愿意支付的价格等于其对会计师事务所审计服务质量的期望值，即$P(e^r)=Q(e^r)$，其中e^r为市场所期望或预测的审计师平均努力水平。在信息不对称状态下，市场上对任一执业努力水平为e_i的审计师的支付向量为：

$$\begin{aligned} P^c(e_i) &= \lambda p(e_i) + (1-\lambda)p(e^r) \\ &= \lambda(1+e_i)/2 + (1-\lambda)(1+e^r)/2 \\ &= [1+\lambda e_i + (1-\lambda)e^r]/2 \end{aligned} \qquad \text{（公式4-2）}$$

假定审计师在外部劳动力市场上基于执业努力水平高低能够得到的工资为w，且$w \in (e_l, e_h)$；同时假定审计师执业团队生产所耗费的固定资本成本为K（$K>0$）。

（2）两种组织形式下的审计师努力水平

假设在合伙制组织形式下，团队中的审计师执业努力的平均水平为e^p。由公式4-2，则有在合伙制组织形式下每个执业努力水平为e^p的审计师为团队创造的收益为：

$$R^p(e) = [1+\lambda e^p + (1-\lambda)e^r]/2 - K/(1-e^p)$$

当审计师的边际收益等于边际成本时，其收入达到最大。上式对e^p求导并令其为0，得到一阶最优化条件下审计师的平均执业努力水平：

$e^p = 1 - (2K/\lambda)^{1/2}$ （公式4-3）

团队生产采用公司制组织形式时，市场对任一执业努力水平为e_i的审计师的支付仍由公式4-2所定义。审计师在公司制组织形式下仅领取固定的工资w，因而公司制组织形式下审计执业团队的总利润为：

$\pi^f = (1-e)[1+\lambda e+(1-\lambda)e^r]/2 - w - K$

利润最大化的一阶最优条件意味着：

$\partial\pi^f/\partial e = -[1+\lambda e+(1-\lambda)e^r]/2+\lambda(1-e)/2 - w = 0$ （公式4-4）

假定在公司制组织形式下团队各成员的平均执业努力水平为e^f。在均衡状态下，市场能够通过外部劳动力市场的工资水平w来对团队成员的执业努力水平进行正确预测，此时有$e^f = e^r$。

将上式代入公式4-4，可求得公司制组织形式下审计师执业努力的平均水平：

$e^f = (2w+\lambda-1)/(1+\lambda)$ （公式4-5）

（3）两种组织形式下努力水平的比较与命题提出

在合伙制组织形式下，团队成员之间收益分享、风险共担，剩余收益在团队各成员之间分享。当审计师的执业平均努力水平为e^p时，他所获得的利润分享数额为：

$u(e^p) = (1+e^p)/2 - K/(1-e^p)$ （公式4-6）

只要审计师所得高于外部劳动力市场上的工资w，他们将接受合伙组织形式下的雇用，这意味着当且仅当下式成立时，在均衡状态下每位审计师都会选择加入合伙组织形式的审计执业团队：

$\pi^p = (1-e^p)[u(e^p) - w] \geqslant 0$ （公式4-7）

将公式4-3和公式4-6代入公式4-7，得：

$\frac{2\lambda(1-w)^2}{(1+\lambda)^2} \geqslant K$ （公式4-8）

又由公式4-3可以计算出：

$K = (1/2)\lambda(1-e^p)^2$

将上式代入公式4-8，移项合并同类项并进一步化简，可得：

$e^p \geqslant (2w+\lambda-1)/(1+\lambda)$ （公式4-9）

公式4-5与公式4-9相比较，可知：

$$e^{p} \geqslant e^{f} \qquad \text{（公式4-10）}$$

公式4-10表明，当审计质量的团队生产采用合伙制组织形式时，审计师执业努力程度的平均水平要高于公司制组织形式下的平均水平。将公式4-1与公式4-10结合起来，可以得出结论：相较于公司制组织形式，在合伙制组织形式下审计师个体的执业努力程度与执业审慎性更高，因而能够提供更高质量的审计服务。结合前文的理论分析，可以归纳出如下基本命题：

命题4-1：会计师事务所由有限责任公司制转为特殊普通合伙制，从而提高了审计师的执业努力程度与审慎性，进而有助于会计师事务所审计质量的整体提高。

4.2 审计师知识资本与审计质量

审计师的知识资本按其来源主要分为两类：一类是通过正规学历教育所获得的通用性专业知识和技能；另一类是审计师在开启职业生涯之后，在特定会计师事务所内进行审计执业活动，通过业务实践过程中的“干中学”所获得的具有行业或企业专用性的知识和技能。前者能够被编码和系统传授，属于显性知识；后者一般不能被书面化或程序化，很难在行业内部或会计师事务所内部广泛传播，通常只能凝聚在个体审计师身上，属于隐性知识。以下分别基于教育水平和执业经验两个维度对审计师知识资本与审计质量之间的关系进行分析，再通过模型推演提出命题。

4.2.1 教育水平维度的分析

审计师在开始其职业生涯之前一般需要接受系统性专业教育，接受基础性的专业知识和训练，为以后的职业发展奠定基础。这类通过系统性专业教育所获得的专业知识和技能，一般对整个审计行业都适用，是一种通用性的知识资本。而且这类知识一般易于编码，能够被程序化和书面化，也便于进行系统学习和传授，是一种显性化的专业知识。接受过高度专业化教育从而具有较高水平显性知识资本的审计师，一般都具有较强的学习和获取知识的能力，能够在审计执业过程中不断地获取、积累、发挥和创造新的知识，这不仅使得审计师自身知识资本的水平得到提高，更重要的是提高了他们通过对知识资本的运用而解决在审计过程中所遇到问题的能力。接受系统化的专业教育还有助于审计师形成良好的知识结构。审计师自身拥有的良好知识结构有利于形成良好的审计职业能力结构，对于胜任能力的提升有明显的促进作用，从而使得他们能够在审计过程中发挥关键件作用。

具体来说，审计师教育水平对审计质量的影响主要表现在以下几个方面：第一，一般来说审计师的学历越高其认知能力与学习能力也就越强，从而具备更强的适应能力和信息处理能力，在面对复杂和困难的情况时能够保持清晰的思路，做出正确的审计判断与决策。第二，接受过较高水平专业教育的审计师，在识别和评估财务报表时对报表中存在的重大错报风险进行审计风险评估与控制的能力更强，即接受专业教育的水平越高其职业胜任能力越强，进而发现被审计单位财务报表中的重大错报、漏报的业务能力越强。第三，学历教育水平较高的审计师一般拥有较好的知识结构。良好的知识结构有助于增强审计师对审计环境等外在事物的洞察力，更加能够将被审计单位内在的财务及治理状况与其外在的经营环境结合起来，对该项审计活动所面临的风险有更加系统和深入的分析，进而有助于审计范围的确定以及分析性程序的有效运用。第四，审计人员在接受高等教育的过程中，一般要学习职业道德方面的课程、接受职业道德教育训练，教育水平较高的审计师会更注重遵守职业道德准则，在其执业过程中更加保持自身的职业独立性，从而有助于提高审计师发现和报告被审计单位财务报表中存在错误或舞弊的概率，进而提高审计服务质量。

4.2.2 执业经验维度的分析

审计师在受聘于会计师事务所之前通过学历教育所具有的专业知识，或者在受聘于会计师事务所之后在其持续执业过程中通过总结经验方式所获得的专业技能，都有助于提高其发现客户财务报表中存在问题的能力（刘笑霞和李明辉，2012）。审计师一般最初是以助理人员的身份参与审计执业活动的，在步入其职业生涯之后，他们在长期的业务实践过程中将逐步获得并积累适应审计工作需要的更具专业性的业务知识。这类业务知识是审计师通过正规教育途径和日后在执业过程中所获取的知识、经验和技能的融合体，因而具有很高的增值性与价值创造力。审计师在特定行业或会计师事务所内从事审计活动的过程，是获取和积累知识、经验和执业技能的过程。这类在长期“干中学”过程中所获得和积累的业务知识一般难以被书面化或程序化，难以在行业内或特定会计师事务所内广泛传播，只能为审计师个体所掌握并运用，是一种隐性的知识。审计师在执业过程中所积累的个人经验是其专业胜任能力的重要构成部分之一（Christopher等，2008）。丰富的执业经历不仅有助于审计师执业经验的积累、专业胜任能力的发挥（Chi等，2010），而且有助于审计师保持应有的独立性，从而确保审计服务质量（Kaplan等，2008）。

审计师拥有丰富的执业经验能够对会计师事务所的审计质量产生正面影响，其作用途径主要在于审计师职业判断能力的形成与提升以及职业独立性的保持两个方面。第一，审计师执业经验的丰富程度对审计师职业判断能力的形成与提升有着重要影响。高质量职业判断能力的形成通常需要以审计师丰富的执业经验为依托，丰富的执业经验可以提高审计职业判断的准确性，有利于发现财务报告的错报和漏报。执业经验丰富的审计师具有更为专业的捕捉错误信息的能力，审计师的执业经验越丰富，其对财务报告中存在的问题就越敏感，越容易发现被审计单位存在的虚假事项，从而使其职业判断能力更为可靠。第二，丰富的执业经验还有助于审计师保持在执业过程中的独立性。在审计流程的谈判阶段，与缺乏谈判经验的审计师相比，经验丰富的审计师更容易达成稳健的、可接受的结果。第三，审计师丰富的执业经验还可以通过提高职业判断能力而有助于自身职业独立性的保持。由于受到知识、能力或者执业环境的限制，审计师在进行审计决策的过程中可能会面临自身知识和能力不足的状况，如果审计师在复杂和困难的局面下，无法有效获取或利用审计证据，不能够做出准确的职业判断，那么他就在一定程度上丧失了审计独立性。审计师拥有较为丰富的执业经验有助于其形成良好的职业判断能力，从而更能发现被审计客户财务报告中所存在的错报、漏报，进而获取充分的证据说服对方进行调整，减轻由于自身能力以及外部环境限制所引起的独立性风险，提高审计独立性。第四，审计师执业经验的丰富程度对会计师事务所审计质量的正面影响，还表现在丰富的执业经验有助于提高审计执业效率，从而缓解审计报告披露的时间压力。过高的时间压力会对审计判断绩效产生不利影响（刘成立和张继勋，2008），同时也对审计师独立性的保持产生负面影响（余玉苗等，2016）。审计师拥有丰富的执业经验有助于提高自身的审计执业效率，进而缓解审计报告披露的时间压力，避免由于过高的时间压力对审计判断产生影响，从而规避由此所可能导致的独立性风险，提高审计执业质量。

在特定行业客户中，执业经验丰富的审计师一般被认为拥有较多的关于特定客户群的知识。这类知识是审计师在长期的执业过程中，通过对特定行业客户知识的积累而形成的特殊知识与能力，对审计质量的提高也有着重要影响。拥有客户行业知识的审计师能够更好地评估与客户相联系的审计风险，能够利用其行业资源及其关于特定客户群的知识，以较低的成本更有效率地搜集证据，从而有助于揭示客户的违规现象与盈余操纵行为。审计师丰富的行业经验还有助于其对该行业客户的财务状况、发展潜力、行业环境等信息有更为全面的了解，从而有助于其改进现有服务，增强提供高质量审计服务的能力。

4.2.3 模型分析与命题提出

前文理论分析表明，审计师通过正规学历教育所获得的显性知识资本和通过执业过程中的“干中学”获得的隐性知识资本，都有助于提高其发现客户财务报表中存在问题的能力。审计师的专业技能，本质上是将知识运用于实践、运用知识解决问题的能力（陈毓圭，2015）。蒋尧明和唐衍军（2016）将审计师执业的团队生产纳入一个联盟博弈模型，探讨了在特殊普通合伙制会计师事务所中审计质量的提升机理。本节将对该模型进行拓展，并通过模型分析提出审计师知识资本与审计质量之间关系的命题。

（1）模型描述

将审计执业团队生产的考察纳入一个联盟博弈模型。联盟博弈模型选用的依据包括：第一，会计师事务所内的全体审计师组成大联盟，联盟内的多个参与人以其拥有的知识资本为基础“对称”地参与博弈。第二，审计师对自身知识资本的运用能力是其在博弈中拥有谈判实力的来源。将全体审计师参与团队生产的过程设定为一阶段联盟博弈模型。博弈规则如下：

①在0时期，n（n≥1）个相互独立的审计师进入联盟参与团队生产，生产的技术规则与收益分享合约给定，并且是一种完全合约。

②在0到1期间，n个审计师组成动态联盟，以其拥有的知识资本为基础并根据给定的技术规则进行团队生产。

③在1时期，团队按照收益分享合约分配剩余收益；假定收益可以用货币度量，且可以以任何方式在团队成员间转移或分配，并且假定没有流动性限制，所有事先协议的支付在本时期都能实现。

根据联盟博弈理论，博弈中的代理人集合为I，I=（1，2，…，n）。如果对于I的任一子集S（S⊂I）都对应着一个实值函数V（s），则称（I，V）为n人联盟博弈，称V（·）为博弈的特征函数，S为参与人联盟。基于Shapley值算法可求得满足公平效率条件下的联盟博弈解。

令会计师事务所内全体审计师组成的大联盟为S。V（p，x）为联盟的收益函数，其中，p代表会计师事务所内除审计师知识资本以外的其他资源，x=（x_1，…，x_n）代表会计师事务所内审计师知识资本的集合，x_i代表第i个审计师的知识资本，是一个连续变量，几个x_i之间相互独立且满足可列可加性。B=（B_1，B_2，…，B_n）代表联盟博弈的分配策略，B_i代表集合N中第i个成员从联盟最大效益值V（N）中分得的收益。为应用Shapley值算法，需要给出收益函数V（p，x）的定义及以下几个公理性假定：

定义2：V（p，x）为会计师事务所的总收益函数，是一个关于x的凹函数。

假定1：$V(p,x) \geqslant 0$，$V(\varnothing,x)=0$。

上述假定表示，在审计质量团队的生产过程中，审计师知识资本需要与会计师事务所内的其他资源相结合。该假定是审计质量团队生产得以进行的必要条件。

假定2：当$i \notin S$时，$v_i(p,x)=0$。

上述假定表示，当第i个审计师不属于该团队时，不能为该团队创造收益。该假定给出了审计师进行团队生产的边界条件。

假定3：$\sum_{i\in S} v(p,x_i) \leqslant v(p,x)$。

上述假定表示，团队S存在超额利润并在成员中进行合理分配。该假定给出了审计师联盟得以形成的条件。

假定4：$\forall S_1 \subset S, S_2 \subset S, S_1 \cap S_2 = \varnothing$，恒有$\sum_{S} v(p,x) \geqslant \sum_{S_1} v(p,x) + \sum_{S_2} v(p,x)$。

上述假定表示，审计师团队创造的总价值大于单个审计师创造价值的加总。该假定为联盟博弈的超可加性条件。

在满足上述公理性限定条件1~4的基础上，联盟中的任一成员i收益分享的Shapley值为：

$$B_i(x) = \sum_{S|i\in S} \frac{(s-1)!(n-s)!}{n!}[v(p,x) - v(p,x\backslash\{i\})] \quad \text{（公式4-11）}$$

（2）审计师同质情形下的知识资本专用性投资与审计质量

审计执业的价值在于对会计信息的可靠性做出合理保证，以促进资本市场资源配置的优化，审计质量是审计服务价值的集中体现。以审计师的审计质量生产函数作为特征函数，则有：

$$V(S)=Q(S) \quad \text{（公式4-12）}$$

假定在团队生产中新加入者与在位者以及各个在位者之间，在拥有知识资本的水平方面不存在差异，他们之间的区别仅在于对知识资本做专用性投资的投资系数不同。以x代表审计师的知识资本，审计师i的知识资本专用性投资系数由q_i来表示。

任一审计师j加入由i个审计师组成的团队S。根据前述联盟博弈模型，审计师j在审计质量团队生产中的边际贡献为$Q(ix+x_j)-Q(ix)$，其知识资本投入的成本为$\theta_j x_j$，其加入由i个审计师组成的团队的概率为$\frac{j(n-1)!}{(n+1)!}$。

将以上三式代入公式4-11，可得审计师j参与团队收益分享的Shapley值为：

$$B_j(x_j)=\sum_{i=1}^{n}\frac{j}{i(i+1)}[Q(ix+x_j)-Q(ix)-\theta_j x_j]$$

上式对x求微分，可得团队中任一审计师j收益最大化的一阶最优条件为：

$$\sum_{i=1}^{n}\frac{j}{i(i+1)}[Q'(x)-\theta_j]=0 \qquad (公式4-13)$$

在此状态下，审计师j的边际收益等于边际成本，此时其收益达到最大值，且为唯一值。由于合作博弈中联盟S的局中人满足对称性条件，并且前文已假定执业团队内审计师的知识资本水平是同质的，因而审计师j的均衡条件可适用于团队S内的任意审计师。这表明在公式4-13的条件下，团队中没有审计师可以独自行动而增加其收益，联盟满足稳定性，此时shapley值即是联盟博弈的核心解。注意在公式4-13中，$0\leqslant Q'(x)\leqslant\theta_j$，这说明团队审计质量的整体提升与第j个审计师个体的知识资本专用性投资系数正相关。因此可以得出结论：在审计质量团队生产中，审计师个体对知识资本的专用性投资水平与审计质量之间存在着正向关联。以上论证可归纳为如下引理：

引理4-1：在审计质量的团队生产中，均衡状态下的审计师对知识资本的专用性投资增加有助于审计质量的提高。

（3）审计师异质情形下的个体知识资本水平与审计质量

以下考虑审计师知识资本水平存在差异的情形，在审计质量团队生产均衡的条件下探讨审计师个体知识资本水平与审计质量之间的关系。

根据团队生产合作博弈的收益分享公式4-11，团队中任一成员i的收益分享额不仅与其个人的努力程度有关而且与联盟的总收益相关。假设高收益联盟与低收益联盟的总收益额分别为：

$$V_h(S)=\sum_{i=1}^{n}v(s_i) \qquad (公式4-14)$$

$$V_l(S)=\sum_{i=1}^{n-1}v(s_i) \qquad (公式4-15)$$

审计质量是会计师事务所服务价值的集中体现，提供高质量的审计服务是会计师事务所获取报酬并取得市场竞争优势的基础。将会计师事务所的收益额以审计质量水平来替代，则公式4-14和公式4-15可变为：

$$V_h(S)=\sum_{i=1}^{n}Q(s_i) \qquad \text{（公式4-16）}$$

$$V_l(S)=\sum_{i=1}^{n-1}Q(s_i) \qquad \text{（公式4-17）}$$

进一步将公式4-12中的审计质量生产函数显性化，并将其设定为标准的柯布-道格拉斯生产函数，有：

$$\sum Q(p_i,x_{ik})=\sum p_i^{\alpha}x_{ik}^{(1-\alpha)} \qquad \text{（公式4-18）}$$

在公式4-18中，x_{ik}（k=h，l）代表为审计师i所拥有的知识资本及其水平高低（其中，x_{ih}代表审计师i为高知识资本审计师，x_{il}代表审计师i为低知识资本审计师）；p_i代表审计师i在团队生产中所需的非知识资本总和；α代表弹性系数，且$0<\alpha<1$。

将公式4-16和公式4-18代入公式4-13，得：

$$\sum_{i=1}^{n+1}\frac{j}{i(i+1)}(Q'(p,x_{ih})-\theta_i)=\frac{(2i+1)}{6}[(1-\alpha)p^{\alpha}x_{ih}^{-\alpha}-\theta_i] \qquad \text{（公式4-19）}$$

将公式4-17和公式4-18代入公式4-13，得：

$$\sum_{i=1}^{n}\frac{j}{i(i-1)}(Q'(p,x_{il})-\theta_i)=\frac{(2i-1)}{6}[(1-\alpha)p^{\alpha}x_{il}^{-\alpha}-\theta_i] \qquad \text{（公式4-20）}$$

公式4-19与公式4-20相比较，得：

$$(2i-1)[(1-\alpha)p^{\alpha}x_{il}^{-\alpha}-\theta_i]=(2i+1)[(1-\alpha)p^{\alpha}x_{ih}^{-\alpha}-\theta_i]$$

上式中$(2i-1)<(2i+1)$，故有$x_{il}^{-\alpha}>x_{ih}^{-\alpha}$；又由$0<\alpha<1$，可得：$x_{il}<x_{ih}$。

以上推导过程显示，在审计执业团队生产均衡的状态下，审计服务质量与审计师个体知识资本水平之间存在正向关系，高知识资本审计师对应着较高的审计质量。结合前文的理论分析，可以归纳出如下基本命题：

命题4-2：在审计质量团队生产均衡的状态下，审计师知识资本水平越高，审计执业团队的审计质量就越高，审计师知识资本水平与审计质量之间存在正向关系。

4.3　会计师事务所转制、审计师知识资本与审计质量

审计师知识资本与会计师事务所内的其他实物资产的不同之处在于，它不仅能够在执业过程中能动地发挥价值创造力，而且可以通过被有效运用而进一步实现自身价值的增值。知识资本的能动创造性和动态增值性，是包括会计师事务所在内的知识密集型专业服务企业获取并保持市场竞争优势的基础。会计师事务所治理结构的设计必须有利于解决审计师进行专用性资产投资的激励问题（余玉苗和陈波，2002），通过对高知识资本审计师的专用性投资进行有效激励而进一步增强其运用知识资本解决审计问题的能力，从而有助于在更大程度上提高会计师事务所的审计服务质量。

在前文对审计师知识资本与审计质量之间关系做静态分析的基础上，本部分内容聚焦于由会计师事务所转制所引起的治理结构及激励机制变化，并结合审计师知识资本的能动创新性与动态增值性特征，对审计师知识资本与审计质量之间关系做动态分析。以下首先分析基于审计师知识资本动态特征视角下审计质量的提升路径，随后探讨由会计师事务所转制所引起的激励机制变化对高知识资本审计师的激励作用，最后将理论分析与模型推演相结合提出本书的第三个命题。

4.3.1　审计师知识资本特征与审计质量动态提升路径

根据前文分析，审计师知识资本具有嵌入性、能动创造性以及动态增值性等特点，是会计师事务所内的一项关键性资源。其中嵌入性特征表明知识资本只能为审计师个体所拥有并能够被运用于审计执业服务过程中，这是探讨审计师知识资本与审计质量之间关系的理论基础；能动创造性与动态增值性这两个动态特征，意味着审计师知识资本在其有效运用过程中，不仅能够为会计师事务所创造价值，而且其自身价值也能够实现增值，这充分体现了知识资本在企业动态能力构成中的重要性。以下分别基于审计师知识资本的能动创造性和动态增值性这两个视角，对高知识资本审计师在审计质量提高中发挥更大作用的路径进行探讨。

(1) 审计师知识资本的能动创造性与审计质量

审计师的专业技能，本质上是将知识运用于实践、运用知识解决问题的能力（陈毓圭，2015）。审计执业活动是审计师获取新的知识资本，同时对其自身现有知识资本进行加工、运用和创造的动态过程。教育水平和执业经验不仅直观地体现了审计师的知识资本水平，而且也代表着审计师对知识的获取、运用和创造的能力。知识资本水平较高的审计师由于知识的高度专业化并拥有良好的知识结构，因而具有较强的学习能力和连续不断地获取、积累、利用和创造知识的能力，在自身知识存量不断增加的同时又能够在执业过程中对现有资源进行能动性的利用和创造。随着知识资本的增值，审计师运用知识的能力也不断提高进而产生乘数效应，这有助于进一步增加其自身知识资本的能动性与价值创造力。知识资本水平较高的审计师不仅拥有较多的专业知识和技能，而且拥有卓越的职业判断能力，是提升会计师事务所审计服务质量的中坚力量。由于高知识资本审计师对知识资本的运用能力更强，更有利于在执业过程中发挥知识资本的能动创新性，因而他们的高质量执业活动对会计师事务所审计服务质量提高的贡献更大。通过对高知识资本审计师的有效激励，进一步促使他们在执业过程中发挥主观能动性，不断提高运用知识资本解决审计问题的能力，并持续获取和积累新的更具创造力的知识和技能，是会计师事务所通过组织层面的制度设计提高审计服务质量的一个重要考量因素。

专业服务企业在与客户相互作用的过程中所积累的客户知识对于其经营活动有着重要影响（Rowley，2002），由于我国审计市场的需求不足，会计师事务所价值的增值主要依赖客户（龚启辉等，2011）。审计服务提供过程需要与客户之间的密切合作，有关特定客户的专用性知识就成为企业的一种重要投入要素。审计师在长期执业过程中所获得的关于特定客户的知识和技能是对审计执业活动正常开展起关键性作用的隐性知识（唐衍军，2017）。知识资本水平较高的审计师具备较强的获取和运用客户知识的能力，更能够根据特定客户的经营特点、业务特征、市场地位、内部控制体系等情况进行有针对性的执业活动，因而更好地集中精力于特定客户的高风险领域。对于客户知识的有效掌握有助于审计师识别财务报表存在的重大错报风险，进而采取有效的审计程序，搜集充分、适当的审计证据以形成恰当的审计结论。具备较高客户知识水平的审计师能够更好地评价客户公司在会计政策选择及会计估计运用方面的合理性，快速发现客户违背会计准则和公认会计原则的会计处理以及客户企业管理层的各种盈余操纵行为，在劝说客户及时确认负债和损失时提供更有力的理由，从而有助于对客户企业财务报告的公允性作出合理保证。审计师知识资本的能动创造性特征，要求对拥有较多客户知识的审计师进行有效激励，以提高其在执业过程中发挥主观能动性的动机，从而更好地实现高知识资本审计师的高审计质量效果。

（2）审计师知识资本的动态增值性与审计质量

审计师运用自身知识和技能进行执业活动的过程，是知识资本的内容和形式不断被丰富和发展的过程，并在这个过程中实现收益递增与价值增值。知识资本在使用过程中能够实现收益递增，其原因主要来自于知识生产者的学习能力、高昂的前置成本、标准，以及网络的外部性（Teece，2000）。Cohen（1990）认为，知识生产者的学习能力与学习积极性、知识吸收能力以及知识集成能力密切相关。需要对审计师个人的学习积极性进行有效激励，以增强其积极寻找和参与学习有价值的业务知识并加以吸收利用以及与现有知识进行整合的动机。对知识的吸收能力一般是指对所要学习的显性知识进行有效辨别，并进而对其进行消化吸收和运用的能力。在同等外部环境下一部分审计师能够取得较高的学历教育水平，这说明他们更加具有对书面知识进行鉴别的能力并对知识进行消化吸收，从而以较少的成本获得更高的教育水平。因而可以认为，学历教育水平较高的审计师具有较强的知识吸收能力，教育水平的高低反映了审计师学习能力的强弱。

审计师在进入职业生涯之后，在长期的执业实践过程中通过“干中学”所获得的与具体审计业务更加相关的知识和技能，对于会计师事务所审计质量整体提高的作用更为明显，是审计师知识资本构成中的一项重要组成部分。审计师在执业实践中进行“干中学”的过程，是通过知识集成将程序化的显性知识内在化为个人隐性知识的过程，知识资本的获得与其自身的知识集成能力密切相关。知识资本充当了知识创造流程的输入、输出和调节因素，是知识集成的基础（Nonaka等，2000）；审计师的知识资本水平越高，其知识集成能力也就越强。进一步来说，知识集成能力虽然以一定水平的知识资本为基础，但绝不是现有知识资本的简单相加和重复运用，而是一个知识创新的过程，是知识资本动态增值的主要来源。知识集成能力是使知识资本能够以完整的面貌充分地运用于组织业务之上的能力（Popper和Lipshitz，1998），代表着学习能力的更高水平。在审计执业活动中，审计师不仅需要不断补充新知识，而且要对其自身拥有的以及体现在业务流程中的现有知识进行充分利用，审计师知识资本特别是隐性知识资本的水平是其知识集成能力的集中体现。在知识资本的自我循环累积效应作用下，具有丰富执业经验的审计师能够在拥有较高知识集成能力并不断创造和积累新的专业知识和技能的基础上，拥有越来越多的提高审计业务质量的能力。

高知识资本审计师因具有较高的学习能力而更有助于知识资本动态增值作用的实现，这不仅能够提高审计师个人的知识存量并优化其知识结构，而且能够提高会计师事务所整体的知识存量，进而更大程度地提高审计服务质量。然而由于专用性投资存在着前置成本较高以及外部性不明显等不利因素，因此对高知识资本审计师的进一步专用性投资行为形成了制约。专用性投资的产出和价值一般都与特定的行业或会计师事务所相关联，难以在外部市场上被正确估价，在会计师事务所内部的价值要远高于在会计师事务所外部的价值，专用性投资水平较高的审计师容易被“套牢”于特定的会计师事务所。知识员工对自己专业领域以及专业知识的忠诚度，要远远高于对企业的忠诚度（Scarbrough，1999）。审计师作为知识员工更加追求终身就业能力，注重通用性知识和技能的增长，围绕特定行业或会计师事务所进行知识资本专用性投资的动机不强。对高知识资本审计师的专用性投资进行有效激励，使其能够在会计师事务所内长期执业并发挥在提升审计服务质量过程中的重要作用以产生较强的示范效应，是任何组织形式的会计师事务所在进行激励机制设计时都需要考虑的一个重要方面。

4.3.2 激励机制变化下的审计师知识资本与审计质量

由以上分析可以看出，高知识资本审计师的能动性与学习能力更强，能够更好地发挥知识资本的创造性，更快地获取新的为审计业务所需的专业知识，并由此带来运用知识能力的不断提高，进而产生乘数效应，因而对审计质量提高的促进作用更大。会计师事务所审计服务质量的整体提高，需要对高知识资本审计师的专用性投资进行有效激励。会计师事务所的组织形式具有重要的经济学内涵，不同的组织形式代表着不同的治理结构，它们在重大决策权配置、利润分配、法律责任承担等方面都具有不同的特征（余玉苗和陈波，2002）。会计师事务所的组织形式由有限责任公司制转为特殊普通合伙制，治理结构的转变引起了激励与约束机制的变化，从而导致了对审计师知识资本专用性投资激励效果的差异，进而又会对会计师事务所整体审计服务质量产生影响。以下分析会计师事务所转制在合伙人晋升与权责分配等方面所引起的激励与约束机制变化，并重点讨论会计师事务所转制后的激励与约束机制对促进专用性投资和审计质量提高的正向效应。

（1）晋升激励机制下的审计师知识资本与审计质量

高知识资本审计师因具有较高的学习能力而更加有助于知识资本动态增值性的实现。对高知识资本审计师的专用性投资进行有效激励，以使其运用知识资本解决审计问题的能力得到进一步提高并发挥示范效应，是会计师事务所提高审计服务质量的一个重要途径。晋升通常伴随着大幅度的工资增长，是激励员工努力工作的一种重要手段（McCue，1996）；晋升机制在公司制企业内被普遍采用的原因还在于其具有工作配置作用，能够使得企业更好地控制股东与管理者之间的代理问题（Farburn和Malcomson，2001）。在专业服务企业中，一般不存在作为非专业人士的外部投资者（陈和等，2014），由于所有权与经营权合二为一，会计师事务所的主要代理问题不是体现在股东与经营者之间，而是存在于各个合伙人之间。知识型员工更看重尊重和自我实现等高层次的需求，对个体和事业的成长有着持续不断的追求（邓玉林等，2007）。审计师作为知识型员工具有强烈的自我价值实现的愿望，将知识资本水平较高的审计师提升为合伙人，使其拥有参与剩余收益分享的权力，可以使他们产生自我实现的满足感，进而更好地发挥主观能动性，促进会计师事务所审计服务质量的整体提升。会计师事务所需要将合伙人资格安排给德高、足资和多才的审计师（王善平等，2006），在合伙人资格遴选机制下能通过专用性投资的有效激励来加深审计师对会计师事务所的依赖，实现对高知识资本审计师的深度套牢（唐衍军，2016）。

合伙制下特有的“非升即走”式晋升激励机制是一种能够对专业人员的专用性投资进行有效激励的机制（Prendergast，1993），特殊普通合伙制会计师事务所的合伙人晋升机制能够对高知识资本审计师的专用性投资形成有效激励，进而有助于提高审计质量（蒋尧明和唐衍军，2016）。具体来说，合伙人晋升机制在激励审计师进行专用性投资并进而提高审计质量过程中的作用主要表现在以下几个方面：第一，公司制企业内员工的职位晋升，尽管也伴随着大幅度的工资增长，但主要是为了满足工作配置的需要，使企业更好地控制股东与管理者之间的代理问题。在特殊普通合伙制会计师事务所内，晋升机制重点在于合伙人的资格安排问题，能够满足审计师作为知识型员工的高层次需求，激发高知识资本审计师努力工作、忠诚服务的热情并产生示范效应，有效降低团队生产中的搭便车行为，从而提高审计服务质量。第二，特殊普通合伙制会计师事务所的合伙人晋升机制为审计师开辟了晋升通道，使知识资本水平较高的审计师有机会参与利润分享并共担风险，从而可以促使高知识资本审计师保持足够的执业审慎性，降低由于独立性丧失而损害审计质量行为发生的概率。第三，为了能够晋升为合伙人并参与会计师事务所剩余收益分享，审计师需要进行前置性专用性投资以具备作为合伙人所必需的职业胜任能力。高知识资本审计师的学习能力更强，其知识资本的创造力与增值性也更大，因而他所做的专用性投资能够在更大程度上提高会计师事务所的审计服务质量。第四，将合伙人资格赋予高知识资本审计师，可以在对专用性投资形成有效激励的基础上加深审计师对会计师事务所的依附性，从而实现对高知识资本审计师的深度“套牢”，有助于提高会计师事务所内部知识资本的整体水平并改善知识资本的结构，为审计服务质量的整体提高奠定良好基础。

（2）权责分配机制下的审计师知识资本与审计质量

公司制企业一般由资金提供者主导，公司治理结构的使命是降低公司的代理成本。但外部资金提供者可能并不具备相应的专业知识，信息不对称等因素导致了专业服务企业很难有效实施外部治理机制（陈和等，

2014)。因而会计师事务所难以像传统公司那样实行“两权分离”(余玉苗和陈波，2002)。在专业性的团队生产中，成员的行为不易受到监督，赋予团队成员剩余索取权有助于使其互相监督，因而合伙制是一种有效的治理模式（Alchian和Demset，1972）；相较于公司制，合伙制将剩余控制权与剩余索取权相应地赋予专业人士，有助于实现寓激励于监督之中或者寓监督于激励之中（王善平，2006）。会计师事务所由公司制转为特殊普通合伙制，治理结构的变化导致了权责分配机制的改变。在合伙制组织形式下，合伙人之间互为代理关系，共同拥有平等分配合伙事务的决策权与剩余收益权，剩余索取权与剩余控制权达到了最好的统一，这种权责分配机制充分体现了“责任共担、权力分享”的原则，对高知识资本审计师专用性投资的激励作用更强。

责任共担的基本含义是，与审计执业相关的法律诉讼以及由此引致的民事赔偿责任，在合伙制会计师事务所内应该由不止一个利益主体来承担。在有限责任公司制会计师事务所中，股东仅以出资额为限对共同债务承担有限责任，这不利于审计师风险意识的形成，并且可能会使审计师在无形中降低执业审慎性，进而对审计服务质量产生不利影响。在特殊普通合伙制会计师事务所中，审计师需要对由于自身过失或渎职行为所造成的损失承担无限责任，要求合伙人以自身的职业声誉和个人财产为担保进行执业活动，这对审计师的执业行为形成了很大的约束。高法律责任的约束可以促使高知识资本审计师提高执业谨慎性和风险意识，提升执业努力程度，有效运用其知识资本提高审计质量。我国现行《民法通则》第三十五条规定:“偿还合伙债务超过自己应当承担数额的合伙人，有权向其他合伙人追偿。”当合伙债务超过出资额，且在某个或某几个合伙人无力偿还其应偿还的份额时，应由其他有剩余个人财产的合伙人代为清偿。在执业活动中，由于非重大非故意过失导致的共同债务的连带赔偿机制的存在，对知识资本水平与个人财富较高的审计师有着更强的约束效果，更加有助于促使其审慎执业并不断提高自身知识资本水平以保持职业胜任能力，从而提供更高质量的审计服务。

在权利分配方面，会计师事务所的合伙人在合伙事务决策与剩余收益分享方面享有同等的权利。特殊普通合伙制会计师事务所不存在外部出资人身份的股东，共同决策机制符合其资产构成特征（唐衍军，2017）。进一步来说，知识资本水平的差异导致审计师个体对于会计师事务所执业价值的贡献程度存在差别，因而需要在共同决策的基础上对知识资本水平较高的审计师进行“权威激励”（蒋尧明和唐衍军，2016）。特殊普通合伙制会计师事务所内部在决策权的安排上，基于合伙事务的性质和合伙人知识资本水平的不同而有所差别。对于重大或战略性的合伙事务应由全体合伙人共同决策并在决策中拥有同等权利，而具体业务的决策则可以按照协议或约定委托一个或者数个合伙人代为决策，即实行重大事务共同决策与具体业务决策委托执行的共同决策机制。在重大决策权为全体合伙人共同拥有的基础上，将具体的执行权赋予知识资本水平较高的审计师，有助于其对知识和技能的能动性运用，在具体的业务执行过程中实施正确判断与决策，从而提升会计师事务所的执业效率和审计服务质量。

特殊普通合伙组织形式下的权责分配机制的合理安排，有助于高知识资本审计师更加积极和有效参与决策，发挥主观能动性以提高审计质量。特殊普通合伙制会计师事务所内的权责分配机制对高知识资本审计师的激励作用具体表现为以下几个方面：第一，对影响会计师事务所长远发展的重大事务进行共同决策，不仅能够保证决策意见来源的广泛性和决策的合理性，而且也突显了合伙人权利和责任对等的原则，有助于提高合伙人作为高知识资本审计师的工作满意度和成就感，对会计师事务所审计质量的整体提高有很大的促进作用。第二，在会计师事务所中合伙人共同拥有合伙事务的决策权并平等地享有剩余收益的分享权，在委托一个或者数个合伙人对具体合伙事务进行决策的情况下，全体合伙人都负有对审计业务质量进行监督的义务，这有助于在有效合作的基础上形成共同监督的氛围，对审计执业质量的提高产生正面的激励效果。第三，会计师事务所将具体业务执行中的决策权赋予知识资本水平较高的审计师，能够促使其在执业过程中更加有效地发挥主观能动性，有效运用自身的知识和技能进行判断和决策，并促使其提高对知识资本进行专用性投资的意愿，从而带动整个团队不断提高知识资本水平与审计执业质量。第四，赋予高知识资本审计师较多的具体事务决策权，满足他们的工作成就感与自我实现需求，从而有助于维持会计师事务所核心执业团队的稳定性，是会计师事务所整体审计质量提高的重要保障。

4.3.3　模型分析与命题提出

前文分析表明，高知识资本审计师具有较强的能动性与学习能力，需要对其专用性投资进行有效激励，以便更好地发挥知识资本的创造性；会计师事务所转制为特殊普通合伙制后的晋升与权责分配机制对审计师的专用性投资有很好的激励效果，更有助于发挥高知识资本审计师在审计质量提升中的作用。知识资本不仅是静态的，而且包括有效利用知识的动态过程（Galbraith，1969）。在审计师知识资本的运用过程中，随着专用性投资的增加，其价值创造性与动态增值性得以充分体现，高知识资本审计师预期可以带来更高的审计服务质量。以下在前文理论模型的基础上，继续将审计师对知识资本的专用性投资与运用能力纳入晋升与权责分配机制，对审计师知识资本与审计质量之间的关系进行动态考察，进而提出命题。

合伙制会计师事务所中的合伙人晋升机制，使得审计质量团队生产形成了一种非正式的锦标赛激励制度。以下考虑知识资本水平的差异性以及不同激励程度对审计师专用性投资的影响。

假定存在两个团队成员A和B，他们都希望通过进行持续的专用性投资而具备作为合伙人的胜任能力，并最终被提升为合伙人，进而参与会计师事务所的剩余收益分享。由4.2.3节可知，任一审计师i的知识资本专用性投资系数为q_i。给定团队成员A和B自身的知识资本存量分别为X_A和X_B。由于信息不对称，审计师知识资本的现有存量难以有效衡量，假定审计师是高知识资本者还是低知识资本者这一信息并非公共知识，只为审计师个人所掌握，团队成员获得提升的概率与其专用性投资系数相关，即审计师对知识资本进行专用性投资的动机在于获得晋升从而参与剩余收益分享。基于这一假定将团队成员获得提升的概率设定为专用性投资q的隐函数P（q）。

考虑合伙制与公司制两种团队生产组织形式的影响，假定团队成员若获得提升则意味着参与合伙制下的剩余收益分享，并根据4.1.4节公式4-6得到数额为$u(e^p)$的收入；若不能获得提升则意味着得到公司制下的固定报酬w。由前文分析知，$u(e^p)\geqslant w$，设审计师进行知识资本专用性投资的成本为C（q）。审计师有P（q）的可能性获得提升，得到利润分享报酬$u(e^p)$；另有1-P（q）的可能性不能获得提升，得到固定工资报酬w，则审计师获得报酬的期望值为：

$$u(e^p)P(\theta)+w[1-P(\theta)] \quad \text{（公式4-21）}$$

审计师获得报酬的期望值扣减专用性投资成本，得审计师的净报酬函数：

$$u(e^p)P(\theta_i)+w[1-P(\theta_i)]-C(\theta_i) \quad \text{（公式4-22）}$$

在晋升激励与剩余收益分享机制下，审计师进行知识资本专用性投资的最优值，可以通过对净报酬函数求极大值来求解。净报酬函数的极大值可由公式4-23表示：

$$\text{Max}\left\{u(e^p)P(\theta_i)+w[1-P(\theta_i)]-C(\theta_i)\right\} \quad \text{（公式4-23）}$$

对公式4-23的θ_i求偏导，并令其值为0，则有：

$$[u(e^p)-w]\frac{\partial P}{\partial \theta_i}-C'(\theta_i)=0 \quad \text{（公式4-24）}$$

已知在晋升激励锦标赛制度中，团队成员获胜的概率并非仅仅取决于自身的主观努力程度，还要根据团队成员最终生产成果的比较而定。团队成员A和B的成果分别表示为：$Z_A=\theta_A+X_A$，$Z_B=\theta_B+X_B$。不失一般性，假定A在晋升激励锦标赛中胜出并被提升为合伙人参与剩余收益分享。A获得晋升的可能性大，这说明A的生产成果优于B的生产成果，设这一概率为P_0，则有：

$$\begin{aligned}P_0&=P(Z_A>Z_B)\\&=P[(\theta_A+X_A)>(\theta_B+X_B)]=P[(\theta_A-\theta_B)>(X_A-X_B)]\end{aligned} \quad \text{（公式4-25）}$$

假设(X_A-X_B)与$(\theta_A-\theta_B)$均为随机变量，符合统计分布$F(g)$，概率密度函数记为$f(g)$，则公式4-25可表示为：

$$P_0=P(Z_A>Z_B)=F(\theta_A-\theta_B)=F(X_A-X_B) \quad \text{（公式4-26）}$$

由公式4-26可得：

$$\frac{\partial P}{\partial \theta_i}=f(X_A-X_B) \quad \text{（公式4-27）}$$

利用公式4-27，可将公式4-24转化为下式：

$$C'(\theta_i)=[u(e^P)-w](X_A-X_B) \quad \text{（公式4-28）}$$

由公式4-28可以看出，在合伙制组织形式下，由于晋升激励与剩余收益分享机制的存在，审计师有很强的动机不断对其自身知识资本进行专用性投资；其专用性投资水平主要受两种因素的影响：

一是审计师晋升为合伙人或者不能够得到晋升两者之间收入或报酬的差额$[u(e^P)-w]$。结合前文的假定，对此影响因素可以有两种解释：第一，若以$u(e^P)$和w分别代表合伙制下的剩余收益分享额和公司制下的薪酬，则有以下结论：会计师事务所治理结构的变化对审计师的知识资本专用性投资有很强的激励效果。第二，聚焦于特殊普通合伙制会计师事务所内部，则可以将此结果解释为：预期的利润分享数额与现有工资薪酬之间的差额，是审计师不断进行知识资本专用性投资以获得作为合伙人所必需的胜任能力并最终提高晋升概率的一个激励因素。

二是审计师个人之间知识资本存量的差异(X_A-X_B)。审计师的知识资本水平越高其获得晋升的概率越高，高知识资本审计师更有动机进一步对知识资本做持续专用性投资，并且其专用性投资能力以及知识资本增值能力也更强，这又进一步提升了他获得晋升机会的概率，从而形成良性循环。由此可以认为，合伙制组织形式下的激励机制对高知识资本审计师的激励程度更高。

引用引理4-1的结论：在审计质量的团队生产中，均衡状态下的审计师对知识资本的专用性投资增加有助于审计质量的提高。综合以上结论可以认为，特殊普通合伙制会计师事务所中的晋升激励与权责分配机制，对高知识资本审计师的知识资本专用性投资更能够形成有效激励，进一步提升了高知识资本审计师提供高审计服务质量的能力。结合前文理论分析，可以归纳出如下基本命题：

命题4-3：会计师事务所转制所引起的激励机制变化进一步强化了审计师知识资本与审计质量之间的正向关系。

4.4 本章小结

审计师知识资本不仅能够在执业过程中能动地发挥价值创造力，而且可以通过被有效运用而进一步实现自身价值的增值。高知识资本审计师具有较强的能动性与学习能力，对知识资本的运用能力也更强，因而需要对他们的专用性投资进行有效激励，以便更好地发挥知识资本的动态增值作用与价值创造力。特殊普通合伙制会计师事务所内的权责分配更体现“责任共担、权力分享”原则，能够满足专业人员的高层次需求。特殊普通合伙制师会计师事务所内的晋升与权责分配机制对审计师的专用性投资有很好的激励效果，更有助于发挥高知识资本审计师在审计质量提升过程中的重要作用。

在理论阐释的基础上，本章进一步通过数理模型分析对会计师事务所转制、审计师知识资本与审计质量之间关系的机理做了深入探讨，提出了对后文研究具有统领作用的三个基础命题。它们分别被表述为：命题4-1：会计师事务所由有限责任公司制转为特殊普通合伙制，从而提高了审计师的执业努力程度与审慎性，进而有助于会计师事务所审计质量的整体提高；命题4-2：在审计质量团队生产均衡的状态下，审计师知识资本水平越高，审计执业团队的审计质量就越高，审计师知识资本水平与审计质量之间存在正向关系；命题4-3：会计师事务所转制所引起的激励机制变化进一步强化了审计师知识资本与审计质量之间的正向关系。

第 5 章

会计师事务所转制与审计质量的实证检验

前文分析表明：会计师事务所由有限责任公司制转为特殊普通合伙制，提升了审计师的执业努力程度与审慎性，进而有助于会计师事务所审计质量的整体提升。本部分内容：第一，对上述命题进行演绎推理并提出具体的待检验假说；第二，进行样本选择、变量定义与计量模型设定方面的研究设计；第三，对描述性统计、相关性检验与多元统计回归的实证结果进行分析，然后在基本研究结论的基础上做进一步分析和稳健性测试；第四，对本章内容进行概要回顾与总结。

5.1 理论分析与假设提出

公司制与合伙制是企业的两种基本组织形态，二者在决策权配置、收益分配和法律责任承担等内部权责分配方面存在着重要差异。会计师事务所转制对审计质量的影响，正是由上述内部权责分配机制的整体变化所决定的。

其一，决策权配置方式变化对审计质量的影响。有限责任公司制会计师事务所内部以股权作为决策权配置的基础，出资多的股东更有决策权，而具有较强专业能力的执业审计师可能并不是出资多的股东，从而可能会出现会计师事务所的决策权与审计师的专业能力倒置的现象。执业审计师要承担由自身执业带来的风险，但如果他在会计师事务所内没有决策权，那么就意味着风险与责任的严重不对等，这会影响审计师在执业过程中的判断和决策，进而对审计质量产生不利影响。特殊普通合伙制会计师事务所内的决策权为全体合伙人所共同拥有，在权责配置、执业行为与职业责任等方面实现了有效统一，有助于提高执业效率与审计质量：第一，会计师事务所内重大事务共同决策机制，突显了审计师权利、义务和责任的对等性，有利于满足专业人士的工作成就感与高层次自我实现需求，促使其根据业务性质与行业特点做出理性决策。第二，共同决策机制有助于建立良性合伙文化，使得审计师之间在协商共赢的基础上实现有效合作，共同推动会计师事务所审计执业质量的提升。第三，审计师在共同决策的过程中能够进行有效沟通，从而增进专业人员之间的信任与合作，进而提高团队生产效率与审计质量。第四，在重大事务共同决策的原则之下，会计师事务所一般将具体事务的决策权赋予执业审计师，这有助于审计师执业积极性的发挥，进而带动整个执业团队不断提高审计服务质量。

其二，收益分配方式变化对审计质量的影响。有限责任公司制会计师事务所的收益分配主要采用以结构工资制为基础的薪酬制，未将审计师自身的业务质量纳入分配机制，从而不利于审计师执业积极性的提高。在特殊普通合伙制会计师事务所中，合伙人之间平等地拥有剩余收益的分享权，使剩余索取权与剩余控制权达到了统一，能够促使审计师自觉地提高执业努力程度并审慎执业，进而有助于审计服务质量的提高：第一，会计师事务所剩余收益的共享机制能够激发审计师的专用性投资热情，从而有助于审计师知识资本水平的整体提升，进而促进审计服务质量的提高。第二，剩余收益的共享机制有利于激发审计师的工作热情，提高审计执业努力程度，通过激励来规避团队生产中的偷懒问题。第三，剩余收益的共享机制使得专业人员组成利益共同体，可以有效增进审计师之间的交流和合作，促进审计执业效率和审计质量的提升。第四，剩余收益的共享机制可以激励会计师事务所全体成员自觉地监督其他成员的执业行为和工作质量，在有效合作的基础上形成同事监督的氛围，从而为审计质量的提高奠定良好基础。

其三，责任承担方式变化对审计质量的影响。在有限责任公司制会计师事务所中，作为股东的执业审计师享有完全的有限责任保护，仅需要以出资额为限对共同债务承担有限清偿责任，从而淡化了风险意识，不利于审计师执业审慎性的保持，无法保证审计质量。而在特殊普通合伙制会计师事务所中，对作为合伙人的审计师的有限责任保护仅限于其他合伙人由于重大或故意过失而形成的合伙债务方面，审计师的法律责任风险较大。审计师需要对执业过程中由于自身过失或渎职行为造成的损失承担无限责任。这种无限责任承担机制，要求执业审计师以自身的职业声誉和个人财产为担保进行执业活动，对审计师的执业行为形成约束，促使其提高执业审慎性，认真权衡每一笔业务的收益和风险水平，将风险意识贯穿审计业务的始终，扎扎实实做好风险评估与业务质量控制工作，发现被审计公司财务报表所存在的问题并督促其整改。在特殊普通合伙制会计师事务所的连带责任承担方式下，对于非因故意或者重大过失造成的合伙企业债务以及合伙企业的其他债务，每个合伙人都有义务按照债权人的要求清偿，并且这种债务的清偿不是以出资额为限，还可能追索到每个合伙人的个人财产。在连带责任追究机制的约束下，会计师事务所的全体审计师更加有动力遵守财经法规与职业道德，更加有效地对审计风险进行识别与控制，并不断提高执业努力水平与业务能力。连带赔偿机制还会促使每个审计师都有很强的动机来监督其他审计师的执业行为，在合伙人之间形成相互监督的氛围，从而实现会计师事务所执业过程中的“全员风险控制”，通过寓激励于监督之中而促进会计师事务所审计质量的整体提升。基于上述分析，本书提出如下研究假设：

H5-1：会计师事务所转制后在内部权责分配机制方面的整体变化，提高了审计师的执业努力程度与执业审慎性，进而有助于会计师事务所审计质量的提高。

客户质量是会计师事务所面临的审计风险的一个重要潜在来源（叶友等，2005），会计师事务所的总体执业质量还受客户信用、财务状况等因素的影响。如果会计师事务所承接的客户质量较差，一方面反映了会计师事务所在接受审计业务时风险意识差，其业务质量控制值得担忧；从另一方面看，缺乏诚信品格的不良客户的财务报表舞弊风险也较高，从而对会计师事务所的风险控制与审计执业质量产生潜在影响。会计师事务所转制会导致审计师法律责任的变化，法律责任源于法律风险，而这归根结底源于客户风险。在公司经营过程中，法律风险是重要的风险源之一。作为资本市场主体的上市公司，其面临的法律风险是企业整体风险的风向标，是影响上市公司质量的重要因素（彭冰，2008）。法律风险是指公司在经营活动中，因为疏于法律审查，未能按法规和合同约定行使权利、履行义务而导致的经济纠纷、诉讼、仲裁等，可能给公司造成重大损失（吕景胜，2007）。上市公司法律风险的大小反映了公司治理水平及管理者业务能力的高低，法律风险高的上市公司，其公司治理机制、财务运营模式等往往存在缺陷，经营不确定性甚至经营失败的可能性就越高。会计信息使用者往往将企业的经营失败等同于审计失败，上市公司较高的法律风险提高了审计师遭遇诉讼及损失的概率。客户公司经营过程中的法律风险，最终会演变为审计师执业的一个重要风险来源。

中华人民共和国最高人民法院于2007年颁布了《最高人民法院关于审理涉及会计师事务所在审计业务活动中民事侵权赔偿案件的若干规定》，标志着独立审计民事责任追究机制日趋完善，从而加重了会计师事务所及其下属审计师对由于审计失败造成投资者损失情形下所承担的民事赔偿责任[①]。会计师事务所在特殊普通合伙转制后，自身所面临的法律风险以及审计师个体所承担的法律责任都会大大提高。面对高法律风险的制约，合伙制会计师事务所更有动机提供高质量的审计服务（逯颖，2008）。法律责任与法律风险的增加将提高审计师的风险意识，降低审计期望差距（Moore和Scott，1989），会计师事务所在面临法律风险与法律责任增加的情况下，将不可避免地调低对审计风险的容忍度，并通过强化项目组人员配备、增加审计程序、加大项目质量控制复核力度等手段，将审计风险控制在合理的低水平。特别地，对于法律风险大的上市公司而言，审计师可能会实施更加充分的审计程序，降低重要性水平，降低其检查风险，规避由于可能的审计失败而导致的法律责任。在受到成本的制约，无法进行详细审计的情况下，审计师出具审计意见时更为谨慎是降低审计风险的一种方法。当上市公司的风险评估较高时，审计师在执行审计程序与出具审计

① 详见：蒋尧明. 特殊普通合伙制会计师事务所民事责任的特征及其合伙人民事责任的配置研究［J］. 当代财经，2013（11）.

报告时会表现得更为谨慎（Lennox，2000）。综上所述，特殊普通合伙转制后，会计师事务所及审计师对于法律风险较高的上市公司的盈余操纵的容忍度可能会下调，从而对该类客户的盈余操纵行为表现出较强的抑制效果。基于上述分析，本书提出如下研究假设：

H5-2：会计师事务所转制有助于提高审计师的风险意识，促进审计师对高法律风险客户的风险识别及控制，对这类客户的盈余操控行为表现出更强的抑制效果，从而在整体上提高了会计师事务所的审计质量。

5.2 研究设计

5.2.1 样本选择

财政部、原工商总局于2010年发布《关于推动大中型会计师事务所采用特殊普通合伙组织形式的暂行规定》（以下简称《规定》），明确要求大中型会计师事务所采用特殊普通合伙组织形式。自2010年开始至2013年年底，40家具有证券资格的会计师事务所已全数转制成为特殊普通合伙制会计师事务所。各会计师事务所转制完成的具体时间是根据各省（市）财政厅网站的公告、会计师事务所网站信息等手工搜集的结果。本书选取有关会计师事务所在2007—2015年所审计的沪深A股上市公司的财务报告以及所出具的审计报告为研究样本①，其中样本公司的财务数据主要来源于Wind数据库和CSMAR数据库。

遵照研究惯例并结合研究主旨，本章对样本数据进行了如下筛选：（1）剔除金融类上市公司样本②；（2）剔除会计年度IPO以及年度行业观测值数量少于15个的上市公司样本；（3）剔除转制前为普通合伙制的会计师事务所审计的上市公司样本，具体理由见下文说明；（4）剔除部分样本期间内失去证券从业资格的会计师事务所审计的上市公司数据，具体理

① 本书选取研究样本期间主要基于以下原因：第一，财政部最新颁布的《企业会计准则》于2007年1月1日在上市公司率先施行，样本期间始于2007年以避免新旧准则差异对本书研究可能造成的影响；第二，2007年《最高人民法院关于审理涉及会计师事务所在审计业务活动中民事侵权赔偿案件的若干规定》的颁布标志着独立审计民事责任追究机制日趋完善；第三，保持转制前后的样本期间与样本数据量的大体均衡。

② 本书参照中国证监会《上市公司行业分类指引》对公司所属行业进行分类，对制造业采用二级行业分类，其他行业采用一级行业分类。

由及筛选方式见下文说明；（5）剔除财务数据的缺失值；（6）对所有非自然对数连续变量进行首尾1%winsorize处理，以避免极端值对研究结果可能造成的影响。最终的有效样本数为15 884个。

表5-1对会计师事务所转制与样本构成情况做了简单汇总。

表5-1　　**会计师事务所转制与样本构成情况简表**

年度	2007	2008	2009	2010	2011	2012	2013	2014	2015	合计
已转制事务所数	0	0	0	4	13	21	40	40	40	40
转制前样本数	1 138	1 292	1 336	1 090	1 081	998	0	0	0	6 935
转制后样本数	0	0	0	278	656	1 110	2 240	2 289	2 376	8 949
合计	1 138	1 292	1 336	1 368	1 737	2 108	2 240	2 289	2 376	15 884

与会计师事务所选取有关的样本数据筛选说明如下：

第一，剔除转制前为普通合伙制的会计师事务所审计的上市公司样本的原因。在《规定》颁布实施前，具备证券资格的会计师事务所绝大多数为有限责任公司制会计师事务所。在研究样本选取期间内，曾采用普通合伙制的证券资格会计师事务所仅有广东大华德律会计师事务所和五洲松德会计师事务所两家，两者所审计的上市公司数量相对较少并且其后由于合并等原因而变更了主体。故而，本书将研究范围限定为样本期间内组织形式由有限责任公司制向特殊普通合伙制转变的会计师事务所，以及转制前后它们在所审计客户公司的财务报表质量上所表现出的差异。

第二，剔除部分样本期间内失去证券从业资格的会计师事务所审计的上市公司数据的理由及数据筛选方式。在样本选取起始年度，具备证券从业资格的会计师事务所共有50余家，而在2013年完成转制后证券资格会计师事务所的数量变为40家。证券资格会计师事务所的数量减少主要有以下几个方面的原因：一是部分会计师事务所被吊销证券从业资格，如中磊会计师事务所等；二是部分会计师事务所放弃了证券从业资格，如上海东华会计师事务所等；三是部分会计师事务所由于合并等原因而变更了主体资格，如国富浩华会计师事务所与中岳瑞华会计师事务所合并并更名为瑞华会计师事务所等。对在样本期间内失去证券从业资格的会计师事务所审计的上市公司数据的筛选原则是：在样本期间内少数放弃资格或被吊销资格的会计师事务所，一般并未经历转制过程故不能对其转制前后的审计质量差异进行比较，因而将其所审上市公司的相关数据予以剔除；对于因合并更名等原因变更主体资格的会计师事务所，其前期所审上市公司的数据予以保留，并将之与变更后的主体相对应。

5.2.2　变量定义

（1）审计质量

本书采用以客户公司财务报表盈余质量为基础的连续变量指标对审计质量进行度量。鉴于财务报表的操控性应计值指标对审计质量具有较好的替代性（张宏亮和文挺，2016），本书借鉴Kothari等（2005）的研究，在修正的Jones模型基础上加入截距项和公司资产收益率（ROA）计算出操纵性应计值，并以其绝对值|DA|作为审计质量的替代度量。在稳健性测试部分则以审计报告激进度指标作为审计质量的替代变量，详见前文所述。

（2）会计师事务所转制

将会计师事务所转制变量（PP）设定为虚拟变量，会计师事务所转制前取值为0，转制后取值为1。

（3）法律风险

客户公司的法律风险变量（LR）用上市公司当年公告中披露的民事诉讼事项次数之和表示。在稳健性测试部分采用两种替代方法对该变量进行度量：一是将其设定为虚拟变量，样本公司当年未发生法律诉讼取值为0，否则为1；二是以上市公司当年公告中披露的诉讼事项次数之和的平方根来表示。

（4）其他控制变量

根据前文分析，审计质量的影响因素既包括审计主体因素，又包括审计客体因素，同时还受审计主体与客体关系、审计市场结构等方面的影响。根据本书的研究主题，并借鉴Balsam等（2003）、原红旗和韩维芳（2012）的研究经验，在被审计客户公司财务特征方面，主要考虑了公司规模（Size）、成长性（Grow）、资产负债率（Lev）、净资产收益率（ROE）、每股净现金流量（NCF）、总资产周转率（TAT）、资产流动性（CR）、经营业绩（Loss）、托宾Q（TQ）等；客户公司治理特征方面主要考虑了管理费用率（MFR）、监事会规模（BSC）、上市时间的自然对数（LnT）等因素的影响；在审计主体与客体关系方面控制了会计师事务所任期（FT）变量；审计市场结构方面主要考虑了会计师事务所规模（Big4）的影响；此外还对行业和年度变量进行了控制。各变量的具体定义及度量方法见表5-2。

表5-2 **变量定义及度量**

变量类别	变量符号	变量名称	定义及度量
因变量	|DA|	审计质量	操纵性应计的绝对值
自变量	PP	会计师事务所转制	会计师事务所转制前取值为0，转制后取值为1
	LR	客户公司的法律风险	上市公司当年公告中披露的民事诉讼事项次数之和
控制变量	Size	公司规模	总资产的自然对数
	Lev	资产负债率	资产负债率=负债÷总资产
	ROE	净资产收益率	净资产收益率=净利润÷平均净资产总额
	NCF	每股净现金流量	每股净现金流量=（现金及现金等价物流入-现金及现金等价物流出）÷资产总额
	TAT	总资产周转率	总资产周转率=销售总额÷资产总额
	CR	资产流动性	资产流动性=流动资产÷流动负债
	Loss	经营业绩	净利润为负取1，否则取0
	TQ	托宾Q	TQ=（年平均股价×年末股本总数+年末公司负债）÷年末公司总资产
	Grow	成长性	销售增长率=（本年度销售收入－上一年度销售收入）÷上一年度销售收入
	LnT	上市时间的自然对数	公司上市时间的自然对数
	MFR	管理费用率	管理费用与主营业务收入之比
	BSC	监事会规模	公司监事会人数与董事会人数之比
	Big4	会计师事务所规模	国际“四大”会计师事务所取1，否则取0
	FT	会计师事务所任期	会计师事务所审计该同一客户的累计年数
	Year	年度	当处于该年度时为1，否则为0
	Ind	行业因素	当处于该行业时为1，否则为0

5.2.3 模型设定

（1）假说5–1的计量检验模型

本书设定计量模型5–1以对假说5–1进行验证：

$$|DA| = \beta_0 + \beta_1 PP + \sum \beta_{i+1} X + \varepsilon \quad （模型5–1）$$

其中，|DA|代表操纵性应计的绝对值，用以衡量审计质量；PP代表会计师事务所转制变量，会计师事务所转制前取值为0，转制后取值为1；X代表一组控制变量的组合，主要涵盖了被审计客户公司的财务特征、治理特征等，同时也在会计师事务所层面对可能影响审计质量的一些变量做了控制，详见表5–2所述。

（2）假说5–2的基本计量检验模型

本书设定计量模型5–2以对假说5–2进行验证：

$$|DA| = \beta_0 + \beta_1 PP + \beta_2 LR + \beta_3 PP*LR + \sum \beta_{i+3} X + \varepsilon \quad （模型5–2）$$

其中，|DA|代表操纵性应计的绝对值，用以衡量审计质量；PP代表会计师事务所转制变量，会计师事务所转制前取值为0，转制后取值为1；LR代表客户公司的法律风险的虚拟变量，上市公司当年未发生法律诉讼取值为0，否则为1；PP*LR代表会计师事务所转制变量与客户公司的法律风险变量的交叉项；X代表控制变量组合，同上理。

（3）假说5–2的分组检验计量模型

为进一步比较分析会计师事务所转制前后审计师对高法律风险客户的风险识别及控制情况的差异，以会计师事务所是否已转制（PP=0或1）为基准对样本分组，并设定计量模型5–3对研究假设5–2做进一步检验：

$$|DA|_p = \beta_0 + \beta_1 LR + \sum \beta_{i+1} X + \varepsilon \quad （模型5–3）$$

其中，$|DA|_p$代表操纵性应计的绝对值，用以衡量审计质量，p=0或1，即$|DA|_0$和$|DA|_1$分别代表会计师事务所转制变量PP=0和PP=1时样本组公司财务报表操纵性应计的绝对值；LR代表客户公司的法律风险的虚拟变量，上市公司当年未发生法律诉讼取值为0，否则为1；X代表控制变量组合，同上理。

5.3 实证结果与分析

5.3.1 描述性统计

在计量检验模型中，各主要变量的描述性统计结果见表5-3。在15 884家客户公司样本中，由有限责任公司制会计师事务所审计的客户公司样本为6 935个，由特殊普通合伙制会计师事务所审计的客户公司样本为8 949个，样本大体平衡。由特殊普通合伙制会计师事务所审计的公司样本的$|DA|_1$均值为0.056，小于由有限责任公司制会计师事务所审计的公司样本的$|DA|_0$均值0.068，且两组数据的差异通过了均值T检验。这初步表明：会计师事务所由有限责任公司制转为特殊普通合伙制后对客户公司盈余操纵行为的抑制作用加强，审计质量整体得以提升。

表5-3　　变量的描述性统计

变量	N	均值	中位数	最小值	最大值	标准差
$\|DA\|$	15 884	0.062	0.035	0.0001	0.669	0.295
$\|DA\|_0$（PP=0）	6 935	0.068	0.381	0.0002	0.669	0.289
$\|DA\|_1$（PP=1）	8 949	0.056	0.302	0.0001	0.638	0.283
PP	15 884	0.628	1	0	1	0.528
LR	15 884	0.182	0	0	1	1.595
Size	15 884	21.33	19.73	17.55	28.11	0.989
Lev	15 884	0.477	0.656	0.008	19.996	0.583
ROE	15 884	0.069	0.033	−0.103	0.258	0.528
NCF	15 884	0.086	0.013	−10.410	23.638	1.991
TAT	15 884	0.835	0.301	0	9.414	0.661
CR	15 884	2.537	1.332	0	89.882	3.756
Loss	15 884	0.097	0	0	1	0.507

续表

变量	N	均值	中位数	最小值	最大值	标准差
TQ	15 884	1.977	1.515	0.497	9.972	1.375
Grow	15 884	0.223	0.058	-0.099	16.276	0.614
LnT	15 884	1.749	2.228	0	2.876	0.956
MFR	15 884	0.114	0.625	0.008	0.996	0.183
BSC	15 884	0.433	0.369	0.150	0.799	0.215
Big4	15 884	0.058	0	0	1	0.256
FT	15 884	6.745	5	1	20	4.854

模型控制变量方面的数据，对我国资本市场上公司的特征有着较为全面的反映。样本公司资产负债率的最小值为0.008，最大值为19.996，均值为0.477，中位数为0.656，标准差为0.583，这说明我国大多数上市公司的财务杠杆比较适中，财务风险较小，但是有少部分公司财务杠杆较高，财务风险较大。净资产收益率最小值为-0.103，最大值为0.258，均值为0.069，中位数为0.033，标准差为0.528，说明我国上公司的平均盈利能力较强，但有少数公司盈利能力不足，盈利能力在整体上存在较大的差异性。样本公司的总资产周转率均值为0.835，托宾Q均值为1.977，成长性指标均值为0.223，说明我国上市公司整体成长性较好；但在这几个指标中样本数据间的标准差都较大，这表明我国上市公司在成长性方面整体差异较大。会计师事务所任期均值为6.745年，聘请国际“四大”会计师事务所进行审计的上市公司比例约为5.8%。

5.3.2　相关性检验

表5-4列示了检验模型中各主要变量之间的相关系数。操纵性应计的绝对值|DA|与会计师事务所转制变量PP之间显著负相关，这为会计师事务所在特殊普通合伙转制后审计质量普遍得以提高这一假说提供了初步证据。操纵性应计的绝对值|DA|与客户公司的法律风险变量LR显著正相关，这表明法律风险高的上市公司盈余操纵的动机可能更强，其财务报表存在较高的盈余操纵风险，进而相对提高了审计师的审计风险。

表 5-4　**相关系数矩阵**

变量	|DA|	PP	LR	Size	Lev	ROE	NCF	TAT	CR	Loss	TQ	Grow	LnT	MFR	MPC	Big4
PP	-0.085***	1														
LR	0.048***	-0.015**	1													
Size	-0.118***	0.055*	-0.055***	1												
Lev	0.152***	-0.083	0.106***	0.038***	1											
ROE	-0.022***	-0.013	-0.011**	0.025***	0.016*	1										
NCF	0.088***	-0.037	-0.029*	0.008**	0.028**	0.013***	1									
TAT	0.016*	0.012	-0.028**	0.005**	0.002*	0.009	0.052	1								
CR	-0.056**	0.026	-0.009*	-0.013*	-0.018**	0.021**	0.066*	-0.055***	1							
Loss	0.141***	-0.035*	-0.153***	-0.191****	0.109***	-0.053***	-0.091***	0.009	-0.055***	1						
TQ	0.131***	0.043*	-0.082***	-0.05***	-0.047	0.059	0.021	0.167***	0.009	-0.041**	1					
Grow	0.157***	0.022*	-0.163***	0.172*	-0.102**	0.118**	0.057***	0.212	0.167***	-0.053***	0.031	1				
LnT	-0.023*	0.015*	-0.005	0.033***	0.051	0.036*	0.059	-0.067**	0.212	0.068	0.048**	0.052***	1			
MFR	0.078***	0.117**	0.374***	-0.266***	0.077***	-0.115**	-0.061**	0.061	-0.067**	0.049***	0.106**	-0.011***	0.018*	1		
BSC	-0.017***	-0.011	0.008*	-0.055***	0.058*	0.026	0.013	-0.059**	0.061	0.020	0.023	0.012**	-0.042**	0.098	1	
Big4	-0.066***	-0.008	-0.351***	0.407***	0.033*	0.051**	0.027***	-0.102***	-0.059**	-0.112***	-0.099**	0.018	0.068***	-0.110*	-0.063***	1
FT	-0.016**	0.083*	-0.216***	0.118***	0.029**	0.078	0.039***	-0.055***	-0.102***	-0.032	0.014	-0.025**	0.017***	-0.022**	-0.007*	-0.023

注：***、**和*分别表示在0.01、0.05和0.1的水平（双侧）上显著相关。

在模型的控制变量方面，第一，公司规模（Size）、净资产收益率（ROE）、资产流动性（CR）与操纵性应计的绝对值（|DA|）显著负相关，这说明规模较大、财务业绩较好、资产流动性较强的公司进行盈余操纵的动机或操纵幅度可能更小。第二，上市公司的经营业绩（Loss）、资产负债率（Lev）等指标与操纵性应计的绝对值（|DA|）之间存在正相关关系，这说明财务状况较差的公司更有可能进行盈余操纵。第三，管理费用率（MFR）与公司操纵性应计的绝对值（|DA|）显著正相关，这说明管理效率越差的公司进行盈余操纵的可能性越大。第四，会计师事务所规模（Big4）与客户公司的操纵性应计的绝对值（|DA|）显著负相关，这表明会计师事务所规模越大越有助于抑制客户的盈余操纵行为。第五，会计师事务所任期（FT）与客户公司的操纵性应计的绝对值（|DA|）显著负相关，这表明在对特定客户长期执业的过程中，审计师对客户的特点及其存在的特定风险有更好的把握，能够根据客户的特点有针对性地制订审计计划、实施审计程序，从而可能会使客户公司财务报表的信息质量更高。最后，各控制变量的相关系数均小于0.2，说明模型设定较为合理，不存在严重的多重共线性。

5.3.3 多元回归分析

表5-5报告了模型5-1和模型5-2的多元回归结果。由模型5-1的回归结果可以看出，会计师事务所转制变量（PP）的回归系数显著为负。这一结果表明，会计师事务所由有限责任公司制转为特殊普通合伙制后，客户公司财务报表的盈余操纵水平得以显著降低，从而提高了审计质量。会计师事务所由有限责任公司制转换为特殊普通合伙制后，其所审计客户公司的操控性应计值显著下降，审计质量整体提高这一假说得到了验证。由模型5-2的回归结果可以看出，会计师事务所转制变量与客户公司的法律风险交叉项（PP*LR）的回归系数显著为负，这表明会计师事务所转为特殊普通合伙制后，审计师的风险意识随着法律责任的增加而增强，从而调低了审计师自身对审计风险的容忍度，对高法律风险客户的盈余操纵行为产生了明显的抑制作用。这一结果验证了本书假说5-2。

表5-5　　多元线性回归结果

变量	模型5-1		模型5-2	
	系数	t值	系数	t值
PP	-0.018**	-3.53	-0.013*	-1.69
LR			0.006*	1.75
PP*LR			-0.015**	-2.01
Size	-0.003***	-5.22	-0.005***	-5.89
Lev	-0.005***	-3.67	-0.007***	-4.37
ROE	-0.022***	-7.93	-0.023***	-7.25
NCF	0.002*	1.84	0.002*	1.81
TAT	0.005***	8.36	0.010***	8.40
CR	-0.002***	-5.22	-0.002***	-3.29
Loss	0.024***	7.93	0.023***	7.50
TQ	0.002***	3.38	0.002***	3.37
Grow	0.051***	10.63	0.052***	9.96
LnT	-0.006	-1.58	-0.006*	-1.74
MFR	0.015**	2.98	0.016**	2.86
BSC	-0.012***	-9.87	-0.011***	-9.90
Big4	-0.006**	-2.10	-0.006**	-2.08
FT	-0.020***	-8.93	-0.023***	-9.50
Year	控制		控制	
Ind	控制		控制	
$AdjR^2$	0.113		0.114	
F值	44.65		42.16	
N	15 884		15 884	

注：***、**和*分别表示在0.01、0.05和0.1的水平（双侧）上显著相关。

以上分析结果综合表明，会计师事务所的组织形式由有限责任公司制转为特殊普通合伙制之后，随着法律责任的增加和审计师风险意识的提升，对客户公司管理者进行盈余操纵的行为表现出了更强的抑制作用，从而提高了审计质量。特殊普通合伙制会计师事务所内部的权责分配机制，能够从执业努力程度和执业审慎性两个方面对审计师产生激励效应，从而系统性地促进了会计师事务所审计质量的整体提高。会计师事务所转制后的风险分担机制增加了审计师个体的法律责任，使得他们在面对高法律风险客户时会保持更高的警惕性，对这类客户的风险意识也更为敏感，进而在执业过程中实施更为谨慎的审计程序，意图降低审计失败并由此招致的审计诉讼风险的概率，从而在客观上提高了审计执业质量。

在模型控制变量方面，客户公司的规模（Size）、净资产收益率（ROE）、资产流动性（CR）的回归系数均显著为负，说明规模较大、财务业绩较好、资产流动性较强的公司更加注重公司声誉，从而进行盈余操纵的动机或操纵幅度可能更小，所提供财务报告的盈余质量更高。经营业绩（Loss）等财务指标的回归系数显著为正，说明当公司财务状况不好、负债水平高甚至出现经营亏损时，公司管理者更有动机通过操控盈余质量来粉饰报表。上市公司管理费用率（MFR）的回归系数显著为正，说明内部治理状况较差、管理效率较低的公司更有通过盈余操控粉饰报表来吸引投资者的动机。公司监事会规模变量（BSC）的回归系数显著为负，表明在监事会的监督制约职能得以有效发挥的上市公司中，公司管理者对于审计师在审计证据收集过程中的干扰较少，管理者也更倾向于对在审计过程中发现的待调整事项进行配合调整，从而有助于提高财务报表的盈余质量。会计师事务所任期（FT）的回归系数显著为负，说明维持与特定客户的长期业务关系，能够使审计师更加清楚了解客户的财务及治理状况，进而根据潜在的风险源有针对性地制订审计计划、实施审计程序，从而确保财务报表信息的可信性。会计师事务所规模变量（Big4）的回归系数显著为负，说明由国际“四大”会计师事务所审计的上市公司财务报表的盈余质量较高，“四大”较之于“非四大”的审计执业质量更高。

5.4 进一步分析与稳健性测试

5.4.1 进一步分析

（1）本土会计师事务所转制效果的集中考察

已有研究大多认为，由国际“四大”会计师事务所审计的客户公司的财务报表质量要高于“非四大”会计师事务所审计的客户公司的财务报表质量（漆江娜等，2004；Francis和Yu，2009；Lawrence等，2011；宋衍蘅和肖星，2012；吴伟荣和刘亚伟，2015），与前文的分析结果一致。在我国本土大型会计师事务所和证券资格会计师事务所组织形式由有限责任公司制向特殊普通合伙制转型的过程中，“四大”中外合作会计师事务所也相继完成了本土化转制。“四大”中外合作会计师事务所在人员构成、治理机制、质量控制程序等方面有其特殊性，并且其本土化转制除了依法转制为特殊普通合伙组织形式以外还有更多的内涵。为了消除“四大”中外合作会计师事务所本土化转制的影响，以对本土会计师事务所转制的效果进行集中考察，以下将“四大”的相关样本予以剔除，对假说5-1和假说5-2做进一步检验。

表5-6的回归结果显示，模型5-1中的会计师事务所转制变量（PP）以及模型5-2中的会计师事务所转制变量与客户公司的法律风险变量的交叉项（PP*LR）的系数均显著为负。这一结果表明，我国本土会计师事务所转制后审计师对客户公司盈余操纵现象发挥了抑制作用，这一作用在高法律风险客户中表现得更加明显，即转制与审计质量之间存在正相关关系的结论在本土会计师事务所中依然成立。

（2）对假说5-2的分组检验

为验证采用不同组织形式的会计师事务所及其审计师对法律风险的识别及控制情况，本书继续以会计师事务所是否已转制（PP=0或1）为基准对样本进行分组，并应用计量模型5-3对假说5-2做进一步检验。

表5-6　　**进一步分析结果（1）：聚焦本土事务所**

变量	模型5-1		模型5-2	
	系数	t值	系数	t值
PP	-0.005^{*}	-1.87	-0.003	-1.31
LR			0.004^{***}	6.40
PP*LR			-0.014^{***}	-4.26
Size	-0.004^{***}	-5.78	-0.005^{***}	-5.68
Lev	-0.008^{***}	-5.23	-0.006^{***}	-8.63
ROE	-0.031^{***}	-10.15	-0.014^{***}	-7.66
NCF	0.005^{*}	2.33	0.003^{*}	1.72
TAT	0.004^{***}	8.12	0.009^{***}	9.95
CR	-0.005^{***}	-6.67	-0.007^{***}	-9.19
Loss	0.017^{***}	5.23	0.041^{***}	8.03
TQ	0.011^{***}	4.65	0.004^{***}	6.25
Grow	0.036^{***}	7.68	0.058^{***}	6.73
LnT	-0.013^{*}	-1.68	-0.017^{*}	-1.91
MFR	0.031^{**}	5.37	0.034^{**}	2.92
BSC	-0.009^{***}	-8.18	-0.019^{***}	-6.45
FT	-0.013^{***}	-6.54	-0.027^{***}	-7.51
Year	控制		控制	
Ind	控制		控制	
$AdjR^2$	0.112		0.115	
F值	52.26		49.11	
N	14 921		14 921	

注：***、**和*分别表示在0.01、0.05和0.1的水平（双侧）上显著相关。

表5-7的回归结果显示，会计师事务所转制之前，客户公司的法律风险（LR）的回归系数显著为正，即高法律风险客户的盈余管理行为十分显著；而在转制之后，这一显著关系消失。这说明会计师事务所对转制政策带来的预期法律风险变化做出了预防性反应，对高法律风险客户的盈余操控行为产生了明显的抑制作用。两组样本的组间回归系数chow检验结果十分显著，说明转制前后法律风险的回归系数（b_1）存在显著差异和变化。上述结果综合表明，会计师事务所转制促进了审计师对高法律风险客户的风险识别及控制，对高法律风险客户盈余操控行为的抑制作用更加显著。

表5-7　**进一步分析结果（2）：样本分组测试**

变量	PP=0		PP=1	
	系数	t值	系数	t值
LR	0.004***	5.33	0.001	0.73
Size	-0.002***	-2.63	-0.002***	-2.62
Lev	-0.008***	-7.05	0.006***	-7.07
ROE	-0.018**	-2.93	-0.020**	-2.25
NCF	-0.011***	-8.74	-0.011***	-8.79
TAT	0.083***	21.49	0.084***	21.58
CR	-0.002***	-5.22	-0.002***	-3.29
Loss	0.027***	6.24	0.026***	5.88
TQ	0.001	1.18	0.001	1.17
Grow	0.048***	9.86	0.050***	9.37
LnT	-0.006*	-1.58	-0.006*	-1.74
MFR	0.015**	2.98	0.016**	2.86
BSC	-0.015***	-10.07	-0.011***	-8.90
Big4	-0.010***	-2.05	-0.010**	-2.03
FT	-0.022***	-8.65	-0.021***	-8.59
Year	控制		控制	
Ind	控制		控制	
$AdjR^2$	0.138		0.098	
F值	31.03		19.46	
Chow-Test	4.99***（0.00）			
N	6 935		8 949	

注：***、**和*分别表示在0.01、0.05和0.1的水平（双侧）上显著相关。

（3）区分盈余操纵的方向

已有研究表明，审计师对客户企业盈余操纵的容忍程度存在着不对称的现象，表现为对正向可操控性应计较为严格，但对客户企业财务报表中存在的负向可操控性应计即调低报告利润的行为一般可以容忍（张俊生和曾亚敏，2011）。以下保留操纵性应计值（DA）的正负号对模型5-1和模型5-2做进一步回归分析，以检验转制前后会计师事务所对上述两种不同方向盈余操纵行为的容忍度。从表5-8的回归结果可以看出，会计师事务所特殊普通合伙转制后，对于上市公司正向盈余操纵行为的抑制作用非常显著，并且在高法律风险公司财务报表样本中表现得更加明显；而对于负向盈余操纵行为这种抑制作用同样存在但不明显，这可能与审计师执业过程对客户公司管理者的正向盈余操纵行为保持更高的审慎性有关。

表5-8　　进一步分析结果（3）：区分盈余操纵方向

变量	正向盈余操纵				负向盈余操纵			
	模型5-1		模型5-2		模型5-1		模型5-2	
	系数	t值	系数	t值	系数	t值	系数	t值
PP	-0.006**	-2.15	-0.005*	-1.85	-0.002	-0.91	-0.002	-0.74
LR			0.001*	1.89			0.001	1.05
PP*LR			-0.003***	-5.22			-0.001	-1.33
Size	-0.002	-1.33	-0.002	-1.42	-0.005***	-5.90	-0.005***	-5.87
Lev	-0.009***	-5.96	-0.005***	-7.07	-0.002***	-7.31	-0.002***	-7.26
ROE	-0.022**	-3.15	-0.020**	-2.25	0.022**	2.88	0.023**	2.75
NCF	-0.016***	-5.51	-0.011***	-8.79	0.015***	13.39	0.015***	13.40
TAT	0.046***	12.34	0.084***	21.58	0.008***	1.99	0.008**	1.98
CR	-0.011***	-6.45	-0.002***	-3.29	0.002***	5.03	0.002***	3.36
Loss	0.034	1.03	0.026	1.28	0.022***	5.37	0.021***	5.07
TQ	0.006	1.29	0.001	1.17	0.003***	3.66	0.003***	3.66
Grow	0.054***	3.41	0.050***	9.37	0.056	1.18	0.07	1.27

续表

变量	正向盈余操纵				负向盈余操纵			
	模型5-1		模型5-2		模型5-1		模型5-2	
	系数	t值	系数	t值	系数	t值	系数	t值
LnT	-0.005*	-1.68	-0.006*	-1.74	0.005**	3.22	0.006**	2.91
MFR	0.021	1.06	0.016	1.26	0.038**	2.57	0.035***	2.83
BSC	-0.022***	-6.52	-0.016***	-9.23	-0.023	-1.13	-0.012	-1.21
Big4	-0.014***	-2.82	-0.010**	-2.03	0.001	0.35	0.001	0.34
FT	-0.036***	-8.04	-0.021***	-8.59	0.032***	9.37	0.034***	9.07
Year	控制		控制		控制		控制	
Ind	控制		控制		控制		控制	
$AdjR^2$	0.146		0.152		0.130		0.130	
F值	29.38		27.84		26.13		24.64	
N	15 884		15 884		15 884		15 884	

注：***、**和*分别表示在0.01、0.05和0.1的水平（双侧）上显著相关。

5.4.2 稳健性测试

（1）审计质量的替代度量

借鉴Gul等（2013）的研究经验，采用审计报告激进度（AR）指标作为审计质量的替代变量对计量检验模型进行回归分析。由表5-9的回归结果可以看出：模型5-1中的会计师事务所转制变量（PP）与模型5-2中的会计师事务所转制变量与客户公司的法律风险变量的交叉项（PP*LR）的回归系数仍显著为负。这表明会计师事务所转制后，随着法律责任的增加，审计师的风险意识明显增强，在审计程序实施与审计报告出具过程中都会保持较高的审慎性，降低所出具的审计报告的激进程度以避免审计失败，从而在客观上提高了审计质量，并且这种审计质量的提高效应在对高法律风险客户的审计过程中表现得更加明显。稳健性测试的结果进一步支持了前文的研究结论。

表5-9　　　　**稳健性测试（1）：审计质量的替代度量**

变量	模型5-1		模型5-2	
	系数	t值	系数	t值
PP	-0.005*	-1.87	-0.003	-1.31
LR			0.004***	6.40
PP*LR			-0.004***	-4.26
Size	-0.006***	-5.52	-0.002***	-5.20
Lev	-0.007***	-6.44	-0.008***	-8.37
ROE	-0.031***	-5.55	-0.025***	-7.29
NCF	0.003*	1.24	0.002*	1.36
TAT	0.006***	8.37	0.008***	8.40
CR	-0.002***	-5.22	-0.003***	-3.29
Loss	0.024***	7.93	0.020***	7.50
TQ	0.002***	3.38	0.001***	3.37
Grow	0.051***	10.63	0.052***	9.96
LnT	-0.006*	-1.58	-0.003*	-1.61
MFR	0.015**	2.98	0.019**	2.99
BSC	-0.015***	-10.12	-0.013***	-9.15
Big4	-0.006**	-2.10	-0.008**	-2.37
FT	-0.020***	-8.93	-0.013***	-9.16
Year	控制		控制	
Ind	控制		控制	
$AdjR^2$	0.112		0.115	
F值	43.94		42.71	
N	15 884		15 884	

注：***、**和*分别表示在0.01、0.05和0.1的水平（双侧）上显著相关。

（2）测试变量的替代度量

为增加研究结论的稳健性，对测试变量客户公司的法律风险（LR）采用其他替代变量进行度量并应用计量检验模型5-2做回归分析。参照冯延超和梁莱歆（2010）、蒋尧明和唐衍军（2015）的研究经验，采用两种替代方法对上市公司的法律风险进行替代度量：一是用上市公司当年公告中披露的诉讼事项次数之和表示，二是用上市公司当年公告中披露的诉讼事项次数之和再取平方根来替代。表5-10的两组回归结果均显示，会计师事务所转制变量与客户公司的法律风险变量的交叉项（PP*LR）的回归系数显著为负。这表明，会计师事务所转制会提高审计师的风险意识，从而调低了审计师自身对高法律风险客户盈余操纵行为的容忍度，对客户财务报表可操纵性应计的抑制作用更加明显。稳健性测试的回归结果与前述结论基本一致。

表5-10　**稳健性测试（2）：测试变量的替代度量**

变量	LR取诉讼次数的平方根		LR虚拟变量	
	系数	t值	系数	t值
PP	-0.003	-1.04	-0.003	-125
LR	0.014***	6.45	0.015***	4.47
PP*LR	-0.019***	-4.43	-0.021**	-2.68
Size	-0.002***	-2.63	-0.005***	-5.90
Lev	-0.005***	-6.97	-0.002***	-7.31
ROE	-0.018**	-2.93	0.022**	2.88
NCF	-0.011***	-8.74	0.015***	13.39
TAT	0.083***	21.49	0.078***	1.99
CR	-0.002***	-5.22	0.002***	5.03
Loss	0.027***	6.24	0.022***	5.37
TQ	0.001	1.18	0.003***	3.66
Grow	0.048***	9.86	-0.056***	10.58

续表

变量	LR取诉讼次数的平方根		LR虚拟变量	
	系数	t值	系数	t值
LnT	-0.006*	-1.58	0.005**	-3.22
MFR	0.015**	2.98	-0.038**	-2.57
BSC	-0.020***	-10.98	-0.013***	-9.38
Big4	-0.010***	-2.05	-0.001	-0.35
FT	-0.022***	-8.65	-0.032***	-9.37
Year	控制		控制	
Ind	控制		控制	
$AdjR^2$	0.115		-0.116	
F值	42.75		42.03	
N	15 884		15 884	

注：***、**和*分别表示在0.01、0.05和0.1的水平（双侧）上显著相关。

5.5　本章小结

本章选取2007—2015年我国沪深A股上市公司的财务报告以及主审会计师事务所出具的审计报告为初始研究样本，在分析会计师事务所转制所引起的治理结构变化以及审计师对法律风险的识别与控制情况的基础上，对会计师事务所转制与审计质量之间的关系做了系统考察。研究结果显示：（1）组织形式由有限责任公司制转为特殊普通合伙制之后，会计师事务所内部的治理结构与权责分配机制随之改变，决策权配置与收益分配机制提高了审计师的合作意愿与执业积极性，风险共担机制增加了审计师的法律责任并敦促其增强风险意识，这些方面都有助于提高审计师的执业努力程度和执业审慎性，从而对客户公司管理者进行盈余操纵的行为表现出了更强的抑制作用，使得会计师事务所的审计质量得以整体提高。

(2) 进一步来说，特殊普通合伙制会计师事务所内的风险分担机制增加了审计师个体的法律责任，使得他们在面对高法律风险客户时会保持更高的警惕性，对这类客户的风险意识也更为敏感，进而在执业过程中实施更为谨慎的审计程序，降低审计失败及由此招致的审计诉讼风险的概率，在客观上提高了所审计公司财务报表的盈余质量。(3) 在对会计师事务所转制前后样本进行分组后，回归结果同样显示在不同组织形式下会计师事务所及其审计师对法律风险的识别及控制情况存在差异，并且会计师事务所对转制政策带来的预期法律风险变化做出了预防性反应，从而对高法律风险客户盈余操控行为的抑制作用更加显著。(4) 剔除国际“四大”国内合作所的相关样本后对本土会计师事务所转制效果的集中考察，结果显示会计师事务所转制促进了审计执业对上市公司盈余操纵行为抑制作用的有效发挥，并进一步抑制了高法律风险公司的高盈余操纵现象。(5) 区分上市公司盈余操纵的方向之后，会计师事务所转制对于上市公司正向盈余操纵行为的抑制效果非常显著，并且这一现象在高法律风险公司财务报表样本中表现得更加明显；而对于负向盈余操纵行为，上述抑制效果虽然存在但表现并不明显。(6) 借鉴Gul等（2013）的研究经验，采用审计报告激进度指标作为审计质量的替代变量，以及对测试变量法律风险采用其他变量进行替代度量，多元回归分析得到的研究结论与主测试部分基本一致。

第 6 章

审计师知识资本与审计质量的实证检验

前文分析表明：在审计质量团队生产均衡的状态下，审计师知识资本水平越高，审计执业团队的审计质量就越高，审计师知识资本与审计质量之间存在正向关系。本部分内容：第一，对上述命题进行演绎推理并提出具体的待检验假说；第二，进行样本选择、变量定义与计量模型设定方面的研究设计；第三，对描述性统计、相关性检验与多元统计回归的实证结果进行分析，然后在基本研究结论的基础上做进一步分析和稳健性测试；第四，对本章内容进行概要回顾与总结。

6.1 理论分析与假设提出

大学教育既是会计人才起步的阶段，又是十分重要的打基础的阶段（陈毓圭，2015），正规学历教育不仅能够提供通用性的审计知识，而且能够带来知识获取与运用能力的提高，为审计职业能力的培养奠定良好的基础。具体而言，审计师所受教育水平与审计质量之间存在正向关系主要基于以下几个方面的原因：第一，一般说来审计师的学历越高其认知能力与学习能力也就越强，从而具备更强的适应能力和信息处理能力，能够在复杂多变的环境中保持清晰的思路，进而做出正确的审计判断与决策。第二，接受过较高水平专业教育的审计师，在识别和评估财务报表中存在的重大错报风险、进行审计风险评估与控制时更为有效，进而设计和实施相关审计程序以获取适当的审计证据以支持审计结论，即接受专业教育的水平越高其职业胜任能力越强，进而越可能发现被审计单位财务报表中的重大错报、漏报。第三，所受的正规教育水平较高的审计师一般都拥有较好的知识结构，这有助于增强审计师对审计环境等外在事物的洞察力，更加能够将被审计客户的内在财务和治理状况与其外在的经营环境结合起来，对审计风险也有更加系统和深入的分析，进而有助于审计范围的确定以及分析性程序的有效运用。第四，审计人员在接受高等教育的过程中，一般要学习职业道德方面的课程、接受职业道德教育训练，教育水平较高的审计师会更注重遵守职业道德准则，在其执业过程中更加保持职业独立性，有助于提高发现和报告被审计单位财务报表信息错误或舞弊的概率，从而有助于促进会计师事务所审计质量的整体提升。基于上述分析，本书提出如下研究假设：

H6-1：限定其他条件，审计师的教育水平与审计质量正相关。

丰富的执业经验不仅有助于审计师专业胜任能力的发挥，而且有助于审计师保持应有的独立性，从而确保审计执业质量。第一，高质量职业判断能力的形成通常需要以审计师丰富的执业经验为依托。丰富的执业经验赋予了审计师更为专业的捕捉错误信息的能力，从而有利于审计师发现财务报告的漏报和错报，提高审计职业判断的准确性。审计师的执业经验越丰富，其对财务报告中存在的问题就越敏感，越容易发现被审计单位存在的虚假事项，从而使其职业判断能力更为可靠。第二，丰富的执业经验在提高职业判断能力的同时，也有助于审计师保持自身的职业独立性。审计师在进行审计决策的过程中可能会面临自身知识和能力不足的状况。如果在复杂和困难的局面下，审计师无法有效获取或利用审计证据，不能够做出准确的职业判断，那么审计师就在一定程度上丧失了审计独立性。丰富的执业经验有助于审计师形成良好的职业判断能力，从而更能发现被审计客户财务报告中所存在的错误或信息遗漏，进而获取充分的证据以说服对方进行调整，减轻由于审计师自身知识不足以及外部环境限制所引起的独立性风险。第三，与缺乏谈判经验的审计师相比，谈判经验丰富的审计师会采用较少妥协的策略以达到使客户公司会计处理更加稳健的效果，从而有利于审计师提高审计执业的公允性。第四，审计师丰富的执业经验还有助于提高审计执业效率，缓解审计报告披露的时间压力，进而提高审计质量。过高的时间压力会对审计判断绩效产生不利影响（刘成立和张继勋，2008），同时也会对审计师保持自身的独立性产生负面影响（余玉苗等，2016）。审计师较高的经验水平有助于提高审计执业效率（刘笑霞和李明辉，2016），从而缓解审计报告披露的时间压力，避免由于过高的时间压力对审计判断产生影响以及由此所可能导致的审计独立性风险，进而促进会计师事务所审计质量的整体提升。基于上述分析，本书提出如下研究假设：

H6-2：限定其他条件，审计师的执业经验与审计质量正相关。

审计师通过正规的专业学历教育所获得的系统性专业知识和技能，一般对整个审计行业都能适用，是一种通用性的知识资本，并且它们一般易于被编码，能够被程序化和书面化，便于系统学习和传授，是一种显性化的专业知识。在同等外部环境下一部分审计师能够取得较高的学历教育水平，这说明他们更加具有对显性知识进行鉴别的能力并对知识进行消化吸收，从而以较少的成本获得较高的教育水平。因而接受过高度专业化教育从而具有较高显性知识资本水平的审计师，一般都具有较强的学习能力和知识获取能力，能够在审计执业过程中不断获取、积累、发挥和创造新的知识资本。在步入审计职业生涯之后，审计师一般还需要通过在执业中实践“干中学”的过程，并进一步获得和积累适应审计工作需要的隐性知识资本。审计师从其执业过程中所获得和积累的隐性知识资本，融合了审计师已有知识和新获得的知识、经验和技能，从而具有很高的价值创造力，因此，在会计师事务所审计执业质量提升的过程中所发挥的作用更加显著。审计师在执业中实践“干中学”的过程，也是通过知识集成将程序化的显性知识资本内在化为个人隐性知识资本的过程。学历教育水平在一定程度上代表着学习能力和知识获取能力，是影响审计师进行知识集成、提高审计执业能力的一个重要因素。学历教育水平较高的审计师，可以在后续执业过程中通过知识集成提高解决在审计过程中遇到问题的能力，并且随着执业年限和经验的增加，审计师的知识集成和职业胜任能力得以进一步提升。因此可以预期，审计师教育水平和执业经验两个要素之间所存在的交互作用，将对会计师事务所审计质量的提高产生增强型交互效应。基于上述分析，本书提出如下研究假设：

H6-3：限定其他条件，审计师的教育水平与执业经验之间存在增强型交互效应。

6.2 研究设计

6.2.1 样本选择

本书选取2007—2015年间会计师事务所审计的沪深A股上市公司的财务报告和出具的审计报告为研究样本，样本公司的财务数据主要来源于Wind数据库和CSMAR数据库，以各上市公司的年度财务报表中披露的聘用会计师事务所和签字注册会计师信息为基础，根据中国注册会计师行业管理信息系统以及网上公开信息对审计师的教育水平情况进行手工搜集与整理。审计师的执业年限以及累计签发审计报告的数量等数据主要依据个人的审计签字记录进行手工整理与计算所得。

遵照研究惯例，本章对样本数据进行了以下筛选：（1）剔除金融类上市公司；（2）剔除会计年度IPO以及年度行业观测值数量少于15个的上市公司；（3）剔除财务数据缺失值；（4）剔除审计报告签字人个人信息缺失的样本；（5）为避免极端值对研究结果可能造成的影响，对所有非自然对数连续变量进行首尾1%winsorize处理。最终得到11 351个有效样本。

有关审计报告签字人样本数据的选取，需要作出进一步的说明。本书借鉴原红旗和韩维芳（2012）的研究经验以签字顺序衡量审计师的身份，按照惯例签字顺序在前的为复核审计师，签字顺序在后的为项目负责人。将项目负责人的相关样本作为主测试部分的研究对象，并以复核审计师的相关样本为研究对象做进一步分析。同时还针对如下一些例外情况做出相应的调整：第一，财政部颁布的《财政部关于注册会计师在审计报告上签名盖章有关问题的通知》规定，有限责任会计师事务所出具的审计报告，应当由会计师事务所主任会计师或其授权的副主任会计师和一名负责该项目的注册会计师签名盖章；合伙会计师事务所出具的审计报告，应当由一名对审计项目负最终复核责任的合伙人和一名负责该项目的注册会计师签名盖章。对照审计报告签字人的职位或身份信息，可以明确审计师的签字及顺序与上述规定不符的。第二，在审计报告中明确指出其签字顺序与以上惯例不符的，如岳华会计师事务所陕西分所的部分报告就明确指出排名顺序在后的签字人为主任或副主任会计师。第三，少数上市公司的审计报告由三名审计师签字，这种情况仅存在于华普天健、中汇、西格玛等少数会计师事务所且比例很低。其中，西格玛会计师事务所签发的审计报告大多明确说明其报告签字顺序依次为项目负责人、复核审计师和报告签发人。根据研究主旨，本章未将排序第三的签字人列入研究对象。

6.2.2　变量定义

（1）审计质量变量

本章采用以客户公司财务报表盈余质量为基础的连续变量指标对审计质量进行度量。鉴于财务报表的操控性应计值指标对审计质量具有较好的替代性（张宏亮和文挺，2016），本书借鉴Kothari等（2005）的研究，在修正的Jones模型基础上加入截距项和公司资产收益率（ROA）计算出操纵性应计值（DA），并以其绝对值|DA|作为审计质量的替代度量。在稳健性测试部分则以审计报告激进度指标作为审计质量的替代变量，详见前文所述。

（2）教育水平变量

本章借鉴张兆国等（2014）的研究经验，对审计师的学历水平由低到高分别进行赋值：高中或中专以下学历赋值为1；大专学历赋值为2；本科、硕士和博士学历则依次赋值为3、4和5。在稳健性测试部分，对审计师教育水平的衡量采用二分变量：将本科及以上学历赋值为1，否则为0。

（3）执业经验变量

本章主测试部分以累计执业年限作为审计师执业经验的替代度量指标。稳健性测试部分则以会计年度之前所累积签发的上市公司审计报告的数量作为审计师执业经验的替代变量。

（4）其他控制变量

审计质量的影响因素既包括审计主体因素，又包括审计客体因素，同时还受审计主体与客体关系、审计市场结构等方面的影响。根据本章的研究主题，并借鉴Balsam等（2003）、原红旗和韩维芳（2012）的研究经验，本章在检验模型中加入了部分可能对审计质量产生影响的变量；在被审计客户公司特征方面，主要控制了公司的经营业绩（Loss）、资产负债率（Lev）、净资产收益率（ROE）、每股净现金流量（NCF）、总资产周转率（TAT）、资产流动性（CR）、经营业绩（Loss）、托宾Q（TQ）、成长性（Grow）等财务指标，管理费用率（MFR）、监事会规模（BSC）等公司治理变量，以及公司规模（Size）、上市时间的自然对数（LnT）等特征变量。在审计市场结构方面主要考虑了会计师事务所规模（Big4）的影响。在审计主体与客体关系方面主要控制了审计师任期（IT）变量，该变量采用执业审计师对某特定客户公司财务报告的累计签字年数进行度量。表6-1列示了各变量的具体定义及度量方法。

表6-1 **变量定义及度量**

变量类别	变量符号	变量名称	定义及度量
因变量	|DA|	审计质量	操纵性应计的绝对值
自变量	Edu	教育水平	审计师学历：高中或中专以下为1；大专为2；本科为3；硕士为4；博士为5
	Exp	执业经验	审计师的累计执业年限
控制变量	Size	公司规模	总资产的自然对数
	Lev	资产负债率	资产负债率=负债÷总资产
	ROE	净资产收益率	净资产收益率=净利润÷平均净资产总额

续表

变量类别	变量符号	变量名称	定义及度量
控制变量	NCF	每股净现金流量	现金及现金等价物的流入减去流出的余额除以总资产
	TAT	总资产周转率	总资产周转率=销售总额÷资产总额
	CR	资产流动性	资产流动性=流动资产÷流动负债
	Loss	经营业绩	净利润为负取1，否则取0
	TQ	托宾Q	TQ=（年平均股价×年末股本总数+年末公司负债）÷年末公司总资产
	Grow	成长性	销售增长率=（本年度销售收入－上一年度销售收入）÷上一年度销售收入
	LnT	上市时间的自然对数	公司上市时间的自然对数
	MFR	管理费用率	管理费用与主营业务收入之比
	BSC	监事会规模	公司监事会人数与董事会人数之比
	Big4	会计师事务所规模	国际“四大”会计师事务所取1，否则取0
	IT	审计师任期	对特定客户的财务报告累计签字年数
	Year	年度	当处于该年度时为1，否则为0
	Ind	行业因素	当处于该行业时为1，否则为0

6.2.3　模型设定

（1）假说6-1和假说6-2的计量检验模型

考虑到审计师知识资本两个维度的变量之间具有线性相关关系的可能性，本书设定6-1和6-2两个计量模型分别对假说6-1和假说6-2进行检验：

$$|DA| = \beta_0 + \beta_1 Edu + \sum \beta_{i+1} X + \varepsilon \quad \text{（模型6-1）}$$

$$|DA| = \beta_0 + \beta_1 Exp + \sum \beta_{i+1} X + \varepsilon \quad \text{（模型6-2）}$$

其中，因变量|DA|代表操纵性应计的绝对值，用以衡量审计质量；自变量分别为审计师的教育水平（Edu）和执业经验（Exp）这两个审计师知识资本的度量指标。X代表控制变量组合，包括客户公司财务特征、治理特征以及会计师事务所层面的一些对审计质量可能会产生影响的因素，具体设计见表6-2。

（2）假说6-3的计量检验模型

本书设定计量模型6-3对假说6-3进行检验：

$$|DA| = \beta_0 + \beta_1 Edu + \beta_2 Exp + \beta_3 Edu*Exp + \sum \beta_{i+3} X + \varepsilon \quad \text{（模型6-3）}$$

其中，因变量|DA|代表操纵性应计的绝对值，用以衡量审计质量；自变量分别为审计师的教育水平（Edu）和执业经验（Exp）以及两者之间的交叉项（Edu*Exp）；X代表控制变量组合，同上理。

6.3 实证结果与分析

6.3.1 描述性统计

表6-2列示了计量检验模型中的主要变量的描述性统计结果。由表6-2的第一行可以看出，模型中被检验变量操纵性应计的绝对值（|DA|）最大值为0.658，最小值0.001，标准差为0.325，说明样本数据之间有明显差异性，辨识度较高；|DA|样本均值为0.063，中位数为0.046，说明样本公司中的大多数公司财务报表的盈余操控程度较小，盈余操控幅度较大的公司占比较少，样本数据的区分度明显。审计师的教育水平（Edu）的均值为3.761，中位数为3，标准差为1.688，本科及以上学历的执业审计师在各会计师事务所中的比例较高，样本数据符合正态分布特征。执业经验（Exp）的均值为4.612，中位数为5，标准差为3.587，样本数据分布较为均衡并具有较高的区分度。

表6-2　　　　　　　　　　　变量的描述性统计

变量	N	均值	中位数	最小值	最大值	标准差
|DA|	11 351	0.063	0.046	0.001	0.658	0.325
Edu	11 351	3.761	3	1	5	1.688
Exp	11 351	4.612	5	0	12	3.587
Size	11 351	21.57	20.05	17.70	28.11	0.863
Lev	11 351	0.486	0.595	0.008	19.871	0.525
ROE	11 351	0.077	0.038	-0.098	0.258	0.501
NCF	11 351	0.093	0.015	-8.585	23.638	1.776
TAT	11 351	0.885	0.301	0	9.414	0.557
CR	11 351	2.879	1.516	0	89.882	3.558
Loss	11 351	0.081	0	0	1	0.526
TQ	11 351	1.884	1.325	0.528	9.972	1.333
Grow	11 351	0.311	0.072	-0.051	16.276	0.683
LnT	11 351	1.773	2.282	0	2.876	0.827
MFR	11 351	0.109	0.535	0.008	0.819	0.132
BSC	11 351	0.393	0.322	0.150	0.716	0.219
Big4	11 351	0.059	0	0	1	0.357
IT	11 351	3.861	3	1	15	3.801

模型控制变量方面的数据，较好地反映了在我国资本市场中上市公司的财务特征以及治理状况。样本公司规模（Size）的最小值为17.70，最大值为28.11，均值为21.57，中位数为20.05，标准差为0.863，说明我国上市公司普遍规模较大，资产总额较高，相对增强了上市公司对风险的抵御能力，从而有助于资本市场的稳定发展以及对投资者的保护。样本公司资产负债率（Lev）的最小值为0.008，最大值为19.871，均值为0.486，中

位数为0.595，标准差为0.525，说明我国大多数上市公司的财务杠杆比较适中，财务风险较小，但是有少部分上市公司的财务杠杆较高，财务风险较大。净资产收益率（ROE）最小值为-0.098，最大值为0.258，均值为0.077，中位数为0.038，标准差为0.501，说明我国上公司的平均盈利能力较强，但有少数上市公司的盈利能力不足。在样本公司中，总资产周转率（TAT）均值为0.885，托宾Q（TQ）均值为1.884，成长性指标（Grow）均值为0.311，说明我国上市公司整体来说成长性较好，但各公司之间的差异较为明显。

6.3.2 相关性检验

表6-3列示了检验模型中各主要变量之间的相关系数矩阵。操纵性应计的绝对值（|DA|）与审计师的受教育水平（Edu）和执业经验（Exp）之间的相关系数均在0.01的水平上显著为负，这初步表明审计师自身的知识资本水平越高越有助于提高其自身的职业胜任能力与独立性，从而能够在执业过程中发挥对被审计单位盈余操纵行为的抑制作用，以确保审计服务质量。审计师的教育水平（Edu）与执业经验（Exp）两个变量之间的相关系数在0.1的水平上显著为正，意味着两个变量之间可能会存在交互作用，说明了设定模型6-3以检验上述两个变量之间交互效应的必要性。

公司规模（Size）、上市时间的自然对数（LnT）、监事会规模（BSC）等公司治理变量与操纵性应计的绝对值（|DA|）显著负相关，这说明规模较大、内部治理较为完善的公司进行盈余操纵的动机或幅度可能更小。资产负债率（Lev）、经营业绩（Loss）等财务指标与操纵性应计的绝对值（|DA|）显著正相关，说明财务状况差甚至存在经营亏损的公司更有可能进行盈余操纵。审计师任期（IT）与客户公司的操纵性应计的绝对值（|DA|）显著负相关，说明审计师对某特定客户的长期连续审计，有助于其对客户特定信息的了解，进而有针对性地制订审计计划、执行审计程序，以确保客户财务报表信息的可信性。模型各控制变量之间的相关系数均小于0.2，这说明模型的设定较为合理，变量间不存在严重的多重共线性。

表6-3　**相关系数矩阵**

变量	|DA|	Edu	Exp	Size	Lev	ROE	NCF	TAT	CR	Loss	TQ	Grow	LnT	MFR	MPC	Big4
Edu	-0.048***	1														
Exp	-0.051***	0.013*	1													
Size	-0.245***	0.019***	-0.055*	1												
Lev	0.188***	0.015	-0.083	0.081***	1											
ROE	-0.087***	0.021	-0.013	0.052***	0.066*	1										
NCF	0.021***	-0.083	-0.037	0.012**	0.098**	0.021***	1									
TAT	0.031*	0.006	0.012	0.031**	0.007*	0.024	0.021	1								
CR	-0.062**	0.022*	0.026	-0.042*	-0.032**	0.019**	0.091*	0.016**	1							
Loss	0.191***	0.018	-0.035*	-0.137***	0.181***	-0.037***	-0.082***	-0.047***	-0.096***	1						
TQ	0.185***	-0.046**	0.043*	-0.064***	-0.081	0.093	0.036	0.092**	0.035	-0.015**	1					
Grow	0.142***	0.011	0.022	0.151*	-0.112**	0.172**	0.084***	0.178***	0.193***	-0.072***	0.046	1				
LnT	-0.016*	0.025*	0.022	0.061***	0.026	0.081*	0.093	0.074*	0.292	0.075	0.081**	0.036***	1			
MFR	0.081***	-0.008*	0.087	-0.272***	0.083***	-0.119**	-0.078**	-0.038*	-0.056**	0.038***	0.175**	-0.211***	0.063*	1		
BSC	-0.023***	0.001	-0.011	-0.083***	0.074*	0.038	0.036	0.063	0.026	0.037	0.015	0.011**	-0.010**	0.084	1	
Big4	-0.077***	0.095***	-0.017*	0.355***	0.052*	0.076**	0.048***	0.091**	-0.035**	-0.126***	-0.069**	0.022	0.046***	-0.104*	-0.077***	1
IT	-0.039**	-0.035**	0.083**	0.126***	0.089**	0.024	0.017***	0.091**	-0.135***	-0.072	0.009	-0.051**	0.021***	-0.018**	-0.011*	-0.019

注：***、**和*分别表示在0.01、0.05和0.1的水平（双侧）上显著相关。

6.3.3 多元回归分析

表6-4报告了模型6-1、模型6-2和模型6-3的回归结果。模型6-1的回归结果显示，以操纵性应计的绝对值（|DA|）作为审计质量的替代变量，审计师的教育水平（Edu）的回归系数在0.01水平上显著为负。这表明审计师个体所受的教育水平越高，其所拥有的通用性审计业务知识和技能也就越多，并且较强的学习能力也有助于知识资本的进一步积累，从而使得审计师拥有较强的业务胜任能力，对被审计客户管理者的财务报表盈余操纵行为表现出较强的抑制作用，进而提高了审计质量。这一结果支持了本书研究假说6-1。模型6-2的回归结果显示，审计师执业经验变量（Exp）与被审计客户财务报表操纵性应计的绝对值（|DA|）之间的回归系数在0.01水平上显著为负，表明执业经验较为丰富的审计师自身的风险意识与风险识别能力较强，从而能够更加有效地确定被审计客户财务报表中可能存在错报或漏报的范围，进而设计并实施恰当的审计程序，保证财务报表信息的可信性并提高了审计质量。上述结果支持了本书假设6-2的论断。

模型6-3回归分析的结果显示，以操纵性应计的绝对值（|DA|）作为审计质量的替代变量，审计师的教育水平和执业经验之间交叉项（Edu*Exp）的回归系数在0.01水平上显著为负。这一结果验证了审计师的教育水平与执业经验之间在提高审计质量方面所存在的增强型交互效应，对本书假设6-3提供了支持证据。具体来说，审计师所接受的学历教育水平越高其学习能力和获取新知识的能力也就越强，在执业过程中随着审计经验的增加而不断获取新的审计相关业务知识，从而进一步增加了控制审计风险、适应新的审计业务、做出有效的职业判断的能力，有助于审计师更好地进行审计工作并保证客户财务报表的信息质量。需要特别说明的是，在模型6-3回归分析的结果中，审计师的教育水平（Edu）和执业经验（Exp）两个变量的系数在模型中分别代表了它们在审计质量提升中的“部分效应”，而交叉项（Edu*Exp）的系数反映了上述两个变量之间的“净交互效应”。

在模型的控制变量方面，资产负债率（Lev）、经营业绩（Loss）等财务指标的回归系数显著为正，验证了当公司财务状况不好、负债水平高甚至出现经营亏损时，公司管理者更有动机通过操控盈余质量来粉饰报表，从而其盈余管理的幅度较大。公司规模（Size）、净资产收益率（ROE）、资产流动性（CR）的回归系数均显著为负，这说明规模较大、财务业绩较好、资产流动性较强的公司更加注重公司声誉，进行盈余操纵的动机或操纵幅度可能更小。监事会规模变量（BSC）的回归系数显著为负，说明在内部治理机制完善、监事会的监督制约职能得以有效发挥的上市公司，审计师在业务执行过程中所受的干扰可能较少，管理者对于在审计过程中发现的待调整事项也更能够进行配合调整，从而提高了财务报表的盈余质量。审计师任期（IT）的回归系数显著为负，说明审计师在对特定客户长期执业的过程中，能够对其财务状况、经营业绩、行业政策等信息有更深入的了解，进而能够准确研判该客户的审计风险水平，并相应地对审计程序做出调整，从而降低审计失误或审计失败的概率，以确保财务报表信息的可信度。

表6-4　**多元线性回归结果**

变量	模型6-1		模型6-2		模型6-3	
	系数	t值	系数	t值	系数	t值
Edu	-0.019***	-3.83			-0.011***	-3.19
Exp			-0.025***	-3.75	-0.017***	-3.94
Edu*Exp					-0.022***	-5.26
Size	-0.008***	-6.82	-0.006***	-7.11	-0.005***	-5.95
Lev	-0.004***	-7.13	-0.008***	-5.26	-0.009***	-7.91
ROE	-0.031***	-5.91	-0.026***	-6.25	-0.028***	-6.33
NCF	0.003*	1.91	0.001*	1.75	0.003*	1.82
TAT	0.008***	8.93	0.007***	8.16	0.009***	5.36
CR	-0.008***	-7.21	-0.004***	-5.26	-0.006***	-8.12
Loss	0.037***	7.11	0.031***	6.50	0.035***	9.36
TQ	0.003***	4.64	0.005***	5.52	0.004***	6.12

续表

变量	模型6-1		模型6-2		模型6-3	
	系数	t值	系数	t值	系数	t值
Grow	0.025***	9.34	0.035***	8.71	0.048***	9.63
LnT	-0.012*	-1.63	-0.009*	-1.36	-0.006*	-1.39
MFR	0.011**	2.63	0.019**	2.59	0.020**	3.15
BSC	-0.021***	-8.41	-0.019***	-7.45	-0.022***	-11.36
Big4	-0.014**	-4.16	-0.009**	-3.03	-0.008**	-3.82
IT	-0.034***	-8.31	-0.026***	-9.17	-0.035***	-9.91
Year	控制		控制		控制	
Ind	控制		控制		控制	
$AdjR^2$	0.128		0.141		0.374	
F值	58.65		70.61		93.58	
N	11 351		11 351		11 351	

注：***、**和*分别表示在0.01、0.05和0.1的水平（双侧）上显著相关。

6.4 进一步分析与稳健性测试

6.4.1 进一步分析

（1）区分盈余操纵的方向

已有研究表明，注册会计师对客户企业盈余操纵的忍受存在不对称的行为，或许可以默许客户企业负的可操控性应计，即调低报告利润，但是对正向可操控性应计较为严格。为进一步检验知识资本水平不同的审计师在对待客户公司正向和负向两种不同方向的盈余操纵行为容忍度的差异，本书区分盈余操纵的方向对研究假说做进一步回归分析。从表6-5的结果可以看出：在正向盈余操纵中，审计师的教育水平（Edu）和执业经验（Exp）以及两个变量的交叉项（Edu*Exp）的回归系数均在0.01水平上显著为负；而对于负向盈余操纵，上述变量的回归系数均为负但不显著。上述研究结果说明审计师知识资本水平的增加更加有助于其胜任能力的提高，从而发挥对客户公司财务报表正向盈余操纵的抑制作用，但对负向盈余操纵的抑制作用却表现得不甚明显，审计师教育水平和执业经验两个变量之间的交互效应也主要体现在对客户公司正向盈余操纵行为的抑制作用方面，这可能与审计师在执业过程中对客户公司管理者的正向盈余操纵行为保持更高的审慎性有关。

表6-5 进一步分析（1）：区分盈余操纵方向

PanelA	正向盈余操纵					
	模型6-1		模型6-2		模型6-3	
变量	系数	t值	系数	t值	系数	t值
Edu	-0.022***	-4.01			-0.013***	-3.15
Exp			-0.031***	-5.21	-0.012***	-3.71
Edu*Exp					-0.026***	-5.24
Size	-0.003***	-5.78	-0.005***	-6.26	-0.004***	-5.13
Lev	-0.015***	-9.61	-0.012***	-7.91	-0.040***	-10.35
ROE	-0.031***	-8.36	-0.022***	-7.83	-0.051***	-10.01
NCF	-0.011***	-3.36	-0.008***	-2.88	-0.024***	-7.39
TAT	0.004***	5.31	0.026***	9.15	0.081***	9.81
CR	-0.008***	-7.26	-0.006***	-5.54	-0.09**	-2.33
Loss	0.028***	6.14	0.034***	7.26	0.021***	12.02
TQ	0.0014***	4.38	0.012***	5.61	0.025***	7.61
Grow	0.034***	10.45	0.038***	9.02	0.052***	9.10
LnT	-0.009*	-1.37	-0.008*	-1.51	-0.011	-1.23
MFR	0.013**	2.24	0.017**	2.32	0.026*	1.91
BSC	-0.021***	-9.62	-0.016***	-9.35	-0.025***	-9.99
Big4	-0.014**	-3.22	-0.018**	-2.92	-0.046	-1.41
IT	-0.031***	-9.46	-0.021***	-9.81	-0.037***	-10.62
Year	控制		控制		控制	
Ind	控制		控制		控制	
$AdjR^2$	0.122		0.178		0.401	
F值	54.65		52.16		70.28	
N	11 351		11 351		11 351	

续表

PanelB	负向盈余操纵					
	模型6-1		模型6-2		模型6-3	
变量	系数	t值	系数	t值	系数	t值
Edu	-0.017	-1.16			-0.005	-1.29
Exp			-0.028	-1.41	-0.013	-1.34
Edu*Exp					-0.033	-0.91
Size	-0.011***	-11.22	-0.013***	-11.20	-0.012***	-9.55
Lev	-0.004***	-8.44	-0.006***	-9.37	-0.003***	-8.98
ROE	-0.021***	-7.03	-0.023***	-7.25	-0.018***	-7.15
NCF	0.004***	11.04	0.006***	11.51	0.003***	10.88
TAT	0.005***	8.36	0.009***	8.40	0.002***	9.49
CR	-0.012***	-7.16	-0.009***	-5.49	-0.011***	-8.82
Loss	0.031***	7.36	0.020***	7.81	0.033***	10.11
TQ	0.006***	5.58	0.005***	6.11	0.007***	5.66
Grow	0.037	1.03	0.032	1.31	0.041	1.52
LnT	-0.009*	-1.86	-0.011*	-1.78	-0.006*	-1.63
MFR	0.025**	3.33	0.021**	2.93	0.017**	3.31
BSC	-0.035	-0.56	-0.041	-0.39	-0.028	-0.46
Big4	0.016	1.34	0.012	1.32	0.008	1.39
IT	-0.016***	-6.67	-0.013***	-7.15	-0.026***	-6.25
Year	控制		控制		控制	
Ind	控制		控制		控制	
$AdjR^2$	0.225		0.228		0.341	
F值	44.65		42.16		65.37	
N	11 351		11 351		11 351	

注：***、**和*分别表示在0.01、0.05和0.1的水平（双侧）上显著相关。

（2）复核审计师知识资本与审计质量之间的关系

按照《财政部关于注册会计师在审计报告上签名盖章有关问题的通知》的规定，会计师事务所所出具的审计报告通常由一位项目负责人和一位负责复核的审计师签名。现有审计报告签字制度安排的初衷是希望审计师能够层层把关以提高审计质量，然而在审计项目的实际操作中主要审计工作由项目负责人来主导完成，复核审计师通常是会计师事务所的合伙人、主任会计师或副主任会计师，他们同时参与多个项目的复核工作，一般不如项目负责人更加了解客户公司的经营状况与财务状况。在较少参与审计项目具体执行工作的情况下，复核审计师的知识资本水平与被审计客户财务报表信息质量之间是否存在相关关系呢？以下应用模型6-1、模型6-2和模型6-3对此问题做进一步回归分析。

表6-6的多元回归结果显示：复核审计师的教育水平（Edu）、执业经验（Exp）与被审计客户财务报表操纵性应计的绝对值（|DA|）之间的回归系数均不显著。对这一统计结果的可能解释是：由于复核审计师对于具体审计项目主要起到二级或三级复核作用，在审计程序执行过程中发挥的作用有限，在较少参与审计执行的情况下，即便他们具有较高水平的知识资本，也很难进一步指出被审计客户财务报告中存在的问题。

表6-6　　进一步分析（2）：复核审计师知识资本与审计质量

变量	模型6-1		模型6-2		模型6-3	
	系数	t值	系数	t值	系数	t值
Edu	-0.035	-1.31			-0.023	-1.19
Exp			-0.056	-0.96	-0.015	-0.94
Edu*Exp					-0.026	-1.21
Size	-0.009***	-7.19	-0.015***	-5.75	-0.013***	-8.31
Lev	-0.004***	-6.21	-0.007***	-6.61	-0.006***	-6.78
ROE	-0.038***	-9.35	-0.031***	-8.28	-0.025***	-7.37
NCF	0.004*	1.73	0.003*	1.61	0.005*	1.82
TAT	0.010***	9.21	0.021***	7.31	0.015***	8.61
CR	-0.015***	-9.13	-0.018***	-6.67	-0.016***	-7.16

续表

变量	模型6-1		模型6-2		模型6-3	
	系数	t值	系数	t值	系数	t值
Loss	0.038***	7.15	0.049***	7.19	0.036***	7.59
TQ	0.011***	6.56	0.007***	6.91	0.009***	7.89
Grow	0.042***	10.19	0.038***	9.02	0.045***	10.06
LnT	-0.008*	-1.72	-0.004*	-1.59	-0.003*	-1.78
MFR	0.022**	4.51	0.028**	5.13	0.019**	5.56
BSC	-0.041***	-9.41	-0.036***	-9.43	-0.031***	-9.11
Big4	-0.014**	-2.52	-0.011**	-2.47	-0.010**	-2.61
IT	-0.031***	-8.41	-0.027***	-9.17	-0.023***	-10.02
Year	控制		控制		控制	
Ind	控制		控制		控制	
$AdjR^2$	0.225		0.238		0.349	
F值	56.23		62.41		70.41	
N	12 506		12 506		12 506	

注：***、**和*分别表示在0.01、0.05和0.1的水平（双侧）上显著相关。

6.4.2 稳健性测试

（1）审计质量的替代度量

借鉴Gul等（2013）的研究经验，采用审计报告激进度（AR）指标作为审计质量的替代变量，分别对模型6-1、模型6-2和模型6-3进行回归分析。表6-7的多元回归结果显示：审计师的教育水平（Edu）、执业经验（Exp）以及两个变量之间的交叉项（Edu*Exp）与被审计客户财务报表操纵性应计的绝对值（|DA|）之间的回归系数均在0.01水平上显著为负。上述结果验证了审计师所受教育水平和执业经验与审计质量之间存在正向关系，并且随着执业经验的增加，审计师不仅获得了更多的关于当前审计业务的通用性知识，而且能够在学习与实践过程中进一步增加适应新的审计业务并进行有

效职业判断的能力，从而能够更好地进行审计工作，以提高客户公司财务报表的信息质量。稳健性测试的结果与前文研究结论基本一致。

表6-7　**稳健性测试（1）：审计质量的替代度量**

变量	模型6-1		模型6-2		模型6-3	
	系数	t值	系数	t值	系数	t值
Edu	-0.019***	-3.83			-0.008***	-3.39
Exp			-0.025***	-3.75	-0.016***	-3.94
Edu*Exp					-0.037***	-6.62
Size	-0.015***	-8.35	-0.021***	-7.13	-0.007***	-6.82
Lev	-0.012***	-7.12	-0.010***	-6.78	-0.015***	-8.23
ROE	-0.019***	-7.13	-0.024***	-7.76	-0.025***	-7.47
NCF	0.012*	1.56	0.011*	1.72	0.008*	1.54
TAT	0.011***	8.12	0.021***	8.65	0.012***	8.45
CR	-0.015***	-7.56	-0.013***	-8.34	-0.016***	-8.13
Loss	0.034***	7.13	0.025***	7.14	0.031***	9.07
TQ	0.009***	7.16	0.005***	7.33	0.006***	8.13
Grow	0.043***	9.14	0.033***	9.11	0.038***	10.07
LnT	-0.008*	-1.62	-0.004*	-1.67	-0.011*	-1.86
MFR	0.028**	2.76	0.022**	2.82	0.021**	2.79
BSC	-0.032***	-10.83	-0.023***	-9.04	-0.025***	-9.76
Big4	-0.013**	-2.56	-0.009**	-2.45	-0.012**	-2.47
IT	-0.026***	-8.41	-0.017***	-9.12	-0.043***	-10.05
Year	控制		控制		控制	
Ind	控制		控制		控制	
$AdjR^2$	0.264		0.312		0.342	
F值	52.46		56.38		70.59	
N	11 351		11 351		11 351	

注：***、**和*分别表示在0.01、0.05和0.1的水平（双侧）上显著相关。

（2）测试变量的其他替代变量

为增加研究结论的稳健性，本章考虑采用审计师教育水平与执业经验的其他替代变量作为测试变量，分别对模型6-1、模型6-2和模型6-3进行回归分析。审计师的教育水平（Edu）采用二分变量，若审计师的学历水平为本科及以上学历，则赋值为1，否则为0；执业经验（Exp）则以会计年度之前执业审计师对上市公司累计签发审计报告的数量作为替代变量。

表6-8的多元回归结果显示：审计师的教育水平（Edu）、执业经验（Exp）以及两个变量之间的交叉项（Edu*Exp）与被审计客户财务报表操纵性应计的绝对值（|DA|）之间的回归系数均在0.01水平上显著为负。这表明，受教育水平和执业经验的增长都有助于提高审计师的职业胜任能力，从而能够更好地发挥审计师对客户公司财务报表盈余操纵现象的抑制作用，进而提高审计质量；审计师所受教育水平的提高增强了自身的知识吸收与学习能力，有助于审计师在职业生涯中随着执业经验的增加而不断获取新的审计业务知识，审计师的教育水平和执业经验两个变量在审计质量提高的过程中体现为增强型交互效应。稳健性测试的结果与前文研究结论基本一致。

表6-8　**稳健性测试（2）：测试变量的替代度量**

变量	模型6-1		模型6-2		模型6-3	
	系数	t值	系数	t值	系数	t值
Edu	-0.028***	-5.22			-0.020***	-6.14
Exp			-0.041***	-7.28	-0.033***	-5.27
Edu*Exp					-0.013***	-8.15
Size	-0.006***	-6.14	-0.013***	-7.23	-0.009***	-6.76
Lev	-0.008***	-8.15	-0.006***	-8.26	-0.009***	-9.72
ROE	-0.025***	-7.34	-0.021***	-7.45	-0.043***	-8.14
NCF	0.005*	1.75	0.008*	1.59	0.006*	1.72
TAT	0.003***	8.33	0.009***	9.11	0.011***	8.06
CR	-0.011***	-7.75	-0.018***	-8.03	-0.014***	-7.96

续表

变量	模型6-1		模型6-2		模型6-3	
	系数	t值	系数	t值	系数	t值
Loss	0.021***	7.16	0.019***	7.21	0.028***	7.18
TQ	0.011***	5.85	0.008***	6.87	0.012***	6.21
Grow	0.038***	10.23	0.036***	9.54	0.043***	10.11
LnT	-0.013*	1.86	-0.010*	1.97	-0.009*	1.61
MFR	0.020**	5.52	0.028**	8.72	0.021**	7.75
BSC	-0.022***	-9.25	-0.019***	-9.23	-0.027***	-7.17
Big4	-0.021**	-3.24	-0.018**	-2.69	-0.019**	-2.96
IT	-0.015***	-8.25	-0.019***	-9.44	-0.031***	-10.31
Year	控制		控制		控制	
Ind	控制		控制		控制	
$AdjR^2$	0.246		0.218		0.427	
F值	51.67		62.19		77.14	
N	11 351		11 351		11 351	

注：***、**和*分别表示在0.01、0.05和0.1的水平（双侧）上显著相关。

6.5 本章小结

本章选取2007—2015年我国沪深A股上市公司及其财务报告主审会计师事务所、项目签字审计师为研究样本，通过审计师的教育水平与执业经验两个维度，分析并考察了审计师知识资本与审计质量之间的关系。研究结果显示：(1) 审计师个体所受的教育水平越高，其所拥有的通用性审计业务知识和技能也就越多，较强的学习能力也有助于知识资本的进一步积累，从而使得审计师拥有较强的业务胜任能力，对被审计客户管理者的财务报表盈余操纵行为表现出较强的抑制作用，进而提高了审计报告质量。（2）执业经验较为丰富的审计师自身的风险意识与风险识别能力更强，能够更加有效地确定被审计客户财务报表中可能存在错报或漏报的范围，进而设计并实施恰当的审计程序，以保证财务报表信息的可信性并提高了审计质量。（3）审计师所接受的学历教育水平越高，其学习能力和获取新知识的能力也就越强，能够在审计执业的过程中随着经验的增加而不断获取新的审计相关业务知识，从而进一步增加了控制审计风险、适应新的审计业务、进行有效的职业判断的能力，进而有助于审计师更好地进行审计工作、保证客户财务报表的信息质量，审计师的教育水平与执业经验两个变量之间在促进审计质量提高方面产生了增强型的交互效应。（4）区分上市公司盈余操纵方向之后的回归结果显示，知识资本水平的增加能够提高审计师的胜任能力和独立性，使其更好地发挥对上市公司财务报表正向盈余操纵的抑制作用，但对于上市公司负向盈余操纵行为的抑制作用却表现得不甚明显；审计师的教育水平与执业经验两个变量之间所产生的交互效应，也主要表现在对上市公司正向盈余操纵行为的抑制作用上。（5）对于审计报告的签字复核审计师而言，其所受的教育水平和拥有的执业经验与被审计客户财务报表可操纵性应计绝对值之间的相关性均不明显，说明他们对于具体审计项目主要起到二级或三级复核作用，在较少参与审计项目执行的情况下，即便拥有较高的知识资本也难以进一步指出被审计客户财务报告中存在的问题，在审计执业和审计质量提高的过程中所发挥的作用有限。（6）借鉴Gul等（2013）的研究经验，采用审计报告激进度指标作为审计质量的替代变量，以及对审计师的教育水平与执业经验变量进行其他替代度量，多元回归分析的结果与主测试结果基本一致。

第 7 章

会计师事务所转制、审计师知识资本与审计质量的实证检验

前文分析表明：会计师事务所转制所引起的激励机制变化进一步强化了审计师知识资本与审计质量之间的正向关系。本部分内容：第一，对上述命题进行演绎推理并提出具体的待检验假说；第二，进行样本选择、变量定义与计量模型设定方面的研究设计；第三，对描述性统计、相关性检验与多元统计回归的实证结果进行分析，然后在基本研究结论的基础上做进一步分析和稳健性测试；第四，对本章内容进行概要回顾与总结。

7.1 理论分析与假设提出

教育水平和执业经验不仅直观地体现了审计师知识资本的静态水平，而且也代表着审计师运用、创造和获取新知识的动态能力。对高知识资本审计师的专用性投资进行有效激励，更加有助于知识资本动态增值作用的发挥，帮助审计师更快地获取新的业务知识和技能，增强高知识资本审计师在会计师事务所运营和审计质量提高过程中的重要性，同时还有利于提高会计师事务所内部知识资本的整体水平并改善其知识资本结构，为审计执业质量的进一步提高奠定基础。会计师事务所治理结构的设计必须有利于解决审计师进行专用性资产投资的激励问题（余玉苗和陈波，2002）。会计师事务所由有限责任公司制转为特殊普通合伙制，治理结构转变所引

起的激励与约束机制变化，导致专用性投资激励效果的差异，从而影响审计师个体对知识资本的动态运用和进一步获取，进而对审计质量产生影响。以下通过论述会计师事务所转制的激励效果以及审计师知识资本的动态增值路径，对审计质量的提升机理做进一步分析并提出研究假说。

（1）会计师事务所转制对高知识资本审计师的激励作用

特殊普通合伙制会计师事务所的合伙人晋升与权责分配机制，对高知识资本审计师具有更强的激励效果，其激励作用的发挥主要体现在以下两个方面：

其一，由会计师事务所转制所引起的权责分配机制整体变化下的激励效果。在公司制治理结构下，企业一般由资金提供者所主导，由于外部股东一般不具备相应的审计业务知识，因而在评价和监督审计执业行为方面存在困难，不利于审计服务质量的提高。在合伙制组织形式下，合伙人之间互为代理关系，共同拥有和平等分配合伙事务的决策权与剩余收益权，在权责分配方面体现了“责任共担、权力分享”的原则，从而有利于对审计专业人员进行监督与激励并有效提高审计质量。具体来说，特殊普通合伙制会计师事务所内部权责分配机制的激励作用主要体现在：第一，特殊普通合伙制会计师事务所一般按照约定或者以绩效为基础进行收益分配。将审计师自身的业务质量纳入分配机制，有助于激发高知识资本审计师进一步进行专用性投资的热情，从而在提高自身知识资本水平的同时也有助于提高审计质量。第二，合伙债务清偿的责任连带机制对知识资本水平与个人财富水平较高的审计师有更强的约束效果，从而更加有助于促使审计师自身审慎执业并不断提高自身知识资本水平以保持职业胜任能力。第三，特殊普通合伙制会计师事务所内部一般在重大事务共同决策的基础上，将具体的业务执行权赋予知识资本水平较高的审计师。这样一种决策权配置方式能够促使高知识资本审计师在执业过程中更加有效地发挥主观能动性，从而有效运用自身的知识和技能进行专业判断和决策，并且提高了他们对知识资本进行专用性投资的意愿，进而有助于维持会计师事务所核心执业团队的稳定性，带动整个执业团队不断提高审计执业质量。

其二，特殊普通合伙制会计师事务所合伙人遴选与晋升机制的激励效果。公司制企业内员工的职位晋升，主要是为了满足工作配置的需要，使企业更好控制股东与管理者之间的代理问题。特殊普通合伙制会计师事务所的合伙人晋升机制能够对高知识资本审计师的专用性投资形成有效激励，进而有助于提高审计质量（蒋尧明和唐衍军，2016）。具体来说，合伙人遴选与晋升机制对审计师专用性投资的激励效果主要表现在：第一，特殊普通合伙制会计师事务所的晋升机制，重点在于合伙人资格安排问题。将合伙人资格安排给“德高、足资和多才的审计师”（王善平等，2006），能够激发高知识资本审计师努力工作、忠诚服务的热情并产生示范效应，从而有效降低团队生产中的搭便车行为。第二，合伙人遴选与晋升机制为高知识资本审计师开辟了晋升通道，使其有机会参与利润分享并共担风险，从而有助于促使他们保持足够的执业审慎性，降低由于独立性丧失而损害审计质量行为发生的概率。第三，为了能够晋升为合伙人并获取较高的利润分享份额，审计师首先需要进行专用性投资以具备作为合伙人所必需的职业胜任能力。高知识资本审计师的学习能力更强，其知识资本的创造力与增值性也更大，他所做的专用性投资能够在更大程度上提高会计师事务所的审计服务质量。第四，合伙人资格遴选机制通过对专用性投资的有效激励而加深审计师对会计师事务所的依赖（唐衍军，2016），实现对高知识资本审计师的深度“套牢”，从而提高会计师事务所内部知识资本的整体水平并改善知识资本的结构，为审计质量的整体提高奠定良好基础。

（2）审计师知识资本水平的动态提升路径与审计质量

审计师的专业技能本质上是将知识运用于实践、运用知识解决问题的能力（陈毓圭，2015）。审计师运用自身知识转变从事执业活动的过程，也是知识资本的内容和形式不断被丰富和发展的过程。知识资本在使用过程中能够实现收益递增，其原因主要来自于知识生产者的学习能力、高昂的前置成本以及对外部环境的适应性标准（Teece，2000）。在同等外部环境下一部分审计师能够拥有较高的学历教育水平，说明他们具有更强的对书面知识进行鉴别并对其进行消化吸收的能力，这样才能够以较少的成本获得较高的教育水平。因而教育水平不仅直观地体现了审计师拥有的显性知识资本的水平，而且还代表着审计师对现有知识资本进一步进行鉴别和吸收利用的能力。审计师的教育水平越高其在对知识资本进行鉴别和吸收方面的能力也就越强，越有利于发挥知识资本的能动创造性与动态增值作用，进而通过执业过程中对现有业务知识的鉴别与吸收来不断增强自身的职业胜任能力。特别地，显性知识资本充当了知识创造流程的输入、输出和调节因素，在知识资本的集成与创造中发挥基础性作用（Nonaka等，2000）；审计师的教育水平越高其所拥有的显性知识资本越多，越有利于审计师进入职业生涯后在“干中学”的过程中进行知识集成和创造。会计师事务所在进行特殊普通合伙转制后，其内在的合伙人晋升与权责分配机制对高教育水平审计师的激励作用更强，高教育水平审计师拥有更强的动机进行知识的集成与创造，从而更快地获取和掌握新的审计业务知识和技能，在会计师事务所运营和审计质量提高的过程中扮演更为重要的角色。基于上述分析，本书提出如下研究假设：

H7-1：会计师事务所转制对高知识资本审计师的激励效果更强，从而使得审计师教育水平与审计质量之间的正向关系更加显著。

审计师在进入职业生涯之后，在长期的执业实践中通过“干中学”所获得的与具体审计业务更加相关的知识和技能，对于提高会计师事务所审计质量的作用更为明显，是审计师知识资本构成中的一项重要组成部分。审计师在执业实践中进行“干中学”的过程，是通过对知识的重新集成和创造将程序化的显性知识资本内在化为个人隐性知识资本的过程。知识集成能力是使知识资本能够以完整的面貌充分地运用于组织业务之上的能力（Popper和Lipshitz，1998），代表着学习能力的更高水平。审计师的学习能力不仅与对显性知识的鉴别和吸收能力有关，而且更加取决于对现有知识重新进行集成与创造并将其转化为隐性知识资本的能力。知识集成能力虽然以一定水平的显性知识资本为基础，但绝不是现有知识资本的简单相加和重复运用，而是一个在现有知识资本的基础上进行动态集成与创新的过程。审计师的执业活动不仅需要不断补充新知识，而且要对自身拥有的和体现在业务流程中的现有知识进行充分利用，并且在知识资本的运用过程中不断地进行知识集成和创新，从而将现有的业务知识和技能进一步转化为更具创造力的隐性知识资本。丰富的执业经验是审计师对现有知识进行集成和有效运用的基础，也是其知识资本能动创造性和动态增值性作用实现的根本保障。拥有丰富执业经验的审计师可以凭借其较高的知识集成能力，不断创造和积累新的审计业务知识和技能，并且在知识资本自我循环累积效应的作用下，越来越多地获取和拥有提高审计业务质量的能力。以审计师丰富的执业经验为基础所不断积累的隐性知识，不但能够提高审计师个人的知识存量并优化其知识结构，而且有助于提高会计师事务所整体的知识存量、改善其知识结构。特殊普通合伙制会计师事务所内的晋升机制可以通过对审计师专用性投资的激励作用，建立知识资本与会计师事务所之间的“互补性”（蒋尧明和唐衍军，2016b），为进一步发挥高知识资本审计师的知识集成与创造能力进而在更大程度上提高审计质量奠定良好的基础。基于上述分析，本书提出如下研究假设：

H7-2：会计师事务所转制对高知识资本审计师的激励效果更强，从而使得审计师执业经验与审计质量之间的正向关系更加显著。

7.2 研究设计

7.2.1 样本选择

本书选取2007—2015年会计师事务所审计的沪深A股上市公司的财务报告和及其所出具的审计报告为研究样本，样本公司的财务数据主要来源于Wind数据库和CSMAR数据库。会计师事务所转制的完成时间是依据各省（市）财政厅网站的公告、会计师事务所网站等公开信息手工搜集的结果。审计师教育水平的相关数据以各公司年度财务报表中披露的聘用会计师事务所和签字注册会计师信息为基础，根据中国注册会计师行业管理信息系统以及网上公开信息进行手工搜集与整理。审计师的执业年限以及累计签发审计报告的数量等数据主要是依据个人的审计签字记录进行手工整理与计算所得。

遵照研究惯例，对样本数据进行了以下筛选：（1）剔除金融类上市公司；（2）剔除会计年度IPO以及年度行业观测值数量少于15个的上市公司；（3）剔除财务数据缺失值；（4）剔除转制前为普通合伙制的会计师事务所审计的上市公司；（5）剔除样本期间内部分失去证券从业资格的会计师事务所审计的上市公司的数据；（6）剔除被审计客户公司财务报表上的签字注册会计师个人信息不完整的样本；（7）为避免极端值对研究结果可能造成的影响，对所有非自然对数连续变量进行首尾1%winsorize处理。最终得到的有效样本数为10 639个[①]。

7.2.2 变量定义

（1）审计质量变量

本章借鉴Kothari等（2005）的研究，在修正的Jones模型基础上加入截距项和公司资产收益率（ROA）计算出操纵性应计值（DA），并以其绝对值|DA|作为审计质量的替代度量。在稳健性测试部分则以审计报告激进度指标作为审计质量的替代变量，详见前文所述。

（2）教育水平变量

本章借鉴张兆国等（2014）的研究经验，对审计师的学历水平由低到高分别进行赋值：高中或中专以下学历赋值为1；大专学历赋值为2；本科、硕士和博士学历则依次赋值为3、4和5。在稳健性测试部分，对审计师教育水平的衡量采用二分变量：将本科及以上学历赋值为1，否则为0。

（3）执业经验变量

本章主测试部分以累计执业年限作为审计师执业经验的替代度量指标。稳健性测试部分则以会计年度之前所累积签发的上市公司审计报告的数量作为审计师执业经验的替代变量。

（4）会计师事务所转制变量

本章将会计师事务所转制变量（PP）设定为虚拟变量，会计师事务所转制前取值为0，转制后取值为1。

（5）其他控制变量

本章主要对以下变量做了控制：一是公司规模（Size）、成长性（Grow）、资产负债率（Lev）、净资产收益率（ROE）、每股净现金流量（NCF）、总资产周转率（TAT）、资产流动性（CR）、经营业绩（Loss）、托宾Q（TQ）等公司财务特征；二是管理费用率（MFR）、管理层权力集

① 对与会计师事务所以及审计报告签字人有关的样本数据选取的特别说明，分别参见第5.2.1节和6.2.1节。

中度（MPC）、上市时间的自然对数（LnT）等公司治理特征；三是考虑了会计师事务所规模（Big4）和审计师任期（IT）变量的影响。各变量的具体含义与度量方法见前文所述。

7.2.3 模型设定

（1）假说7-1和假说7-2的基本计量检验模型

考虑到审计师的教育水平（Edu）和执业经验（Exp）两个变量之间具有线性相关关系的可能性，设定7-1和7-2两个计量模型对前文研究假说进行检验：

$$|DA| = \beta_0 + \beta_1 Edu + \beta_2 PP + \beta_3 Edu*PP + \sum \beta_{i+3} X + \varepsilon \qquad \text{（模型 7-1）}$$

$$|DA| = \beta_0 + \beta_1 Exp + \beta_2 PP + \beta_3 Exp*PP + \sum \beta_{i+3} X + \varepsilon \qquad \text{（模型 7-2）}$$

其中，|DA|代表操纵性应计的绝对值，用以衡量审计质量；Edu代表审计师的教育水平，由低到高分别对其进行赋值：高中或中专以下学历赋值为1，大专学历赋值为2，本科、硕士和博士学历则依次赋值为3、4和5；Exp代表审计师执业经验，以累计执业年限进行替代度量；PP代表会计师事务所转制变量，会计师事务所转制前取值为0，转制后取值为1；Edu*PP和Exp*PP分别代表审计师的教育水平和执业经验两个变量与会计师事务所转制变量的交叉项；X代表控制变量组合，主要包括客户公司财务特征、客户公司治理特征以及会计师事务所层面的一些对审计质量可能会产生影响的因素，详见7.2.2节所述。

（2）以知识资本水平为基准分组的计量检验模型

为进一步验证会计师事务所转制对审计质量提高的促进作用在不同知识资本水平审计师之间的差异，以审计师的教育水平（$Edu \geq 3$或$Edu<3$）和执业经验（$Exp \geq 5$或$Exp<5$）为基准对样本分组，并设定计量模型7-3对研究假说做进一步检验：

$$|DA|_{kj} = \beta_0 + \beta_1 PP + \sum \beta_{i+1} X + \varepsilon \qquad \text{（模型 7-3）}$$

其中，k=1或2，分别代表审计师的教育水平和执业经验两个维度；j=h或l，分别代表审计师知识资本水平的高低。具体来说，$|DA|_{1h}$和$|DA|_{1l}$分别代表审计师教育水平变量值在3（含）以上及以下组别内客户公司财务报表的操纵性应计的绝对值，$|DA|_{2h}$和$|DA|_{2l}$分别代表审计师执业经验变

量值在5（含）以上和以下组别内客户公司财务报表的操纵性应计的绝对值。PP代表会计师事务所转制变量，会计师事务所转制前取值为0，转制后取值为1；X代表控制变量组合，同上理。

7.3 实证结果与分析

7.3.1 描述性统计

在计量检验模型中各主要变量的描述性统计结果见表7-1。由表7-1中的数据可以看出，被检验变量操纵性应计的绝对值（|DA|）最大值为0.631，最小值为0.0001，标准差为0.302，说明样本数据之间有明显差异性，辨识度较高；样本公司财务报表的|DA|均值为0.061，中位数为0.046，这说明多数公司的盈余操控程度较小，盈余操控幅度较大的公司占比较少，样本数据的区分度明显。审计师的教育水平（Edu）的均值为3.824，中位数为3，标准差为1.417，说明本科学历以上的执业审计师在各会计师事务所中的占比较高，样本数据符合正态分布特征。执业经验（Exp）的均值为4.725，中位数为5，标准差为3.123，样本数据分布较为均衡并具有较高的区分度。

在10 639家上市公司样本中，审计报告由高教育水平（Edu≥3）审计师所签发的数量为7 626个，其财务报表操纵性应计的绝对值（|DA|）均值为0.052，小于由低教育水平（Edu<3）审计师所审计的财务报表的|DA|均值（0.071），且两组数据的差异通过了均值T检验，说明受教育水平较高的审计师拥有更高的学习能力和职业胜任能力，更加有助于抑制客户公司的盈余操纵行为。上市公司的审计报告由高执业经验（Exp≥5）审计师签发的数量为6 829个，其财务报表操纵性应计的绝对值（|DA|）均值为0.046，小于由低执业经验（Exp<5）审计师所审计的财务报表的|DA|均值（0.078），且两组数据的差异通过了均值T检验，说明执业经验丰富的审计师对审计风险有更高的识别与把控能力，因而能够更好地抑制客户公司的盈余操纵行为，提高审计质量。

表7-1　**变量的描述性统计**

变量	N	均值	中位数	最小值	最大值	标准差
$\lvert DA\rvert$	10 639	0.061	0.046	0.0001	0.631	0.302
$\lvert DA\rvert_{1h}$	7 626	0.052	0.031	0.0002	0.633	0.258
$\lvert DA\rvert_{1l}$	3 013	0.071	0.058	0.0001	0.658	0.452
$\lvert DA\rvert_{2h}$	6 829	0.046	0.029	0.0003	0.621	0.416
$\lvert DA\rvert_{2l}$	3 810	0.078	0.061	0.0001	0.658	0.512
Edu	10 639	3.824	3	1	5	1.417
Exp	10 639	4.725	5	0	12	3.123
PP	10 639	0.775	1	0	1	0.593
Size	10 639	22.38	20.41	18.32	28.11	0.767
Lev	10 639	0.412	0.606	0.008	18.353	0.417
ROE	10 639	0.081	0.033	-0.086	0.258	0.477
NCF	10 639	0.097	0.019	-8.823	23.638	1.552
TAT	10 639	0.929	0.358	0	9.414	0.523
CR	10 639	2.912	1.671	0	89.882	3.226
Loss	10 639	0.078	0	0	1	0.205
TQ	10 639	2.088	1.626	0.731	9.972	1.119
Grow	10 639	0.353	0.074	-0.062	16.276	0.553
LnT	10 639	1.781	2.351	0	2.876	0.779
MFR	10 639	0.095	0.583	0.008	0.669	0.137
BSC	10 639	0.385	0.307	0.150	0.711	0.181
Big4	10 639	0.059	0	0	1	0.293
IT	10 639	3.825	3	1	15	3.226

样本公司资产负债率（Lev）的最小值为0.008，最大值为18.353，均值为0.412，中位数为0.606，标准差为0.417，说明我国大多数上市公司的财务杠杆比较适中，财务风险较小，但是有少部分公司财务杠杆较高，财务风险较大。净资产收益率（ROE）最小值为-0.086，最大值为0.258，均值为0.081，中位数为0.033，标准差为0.477，说明我国上公司的平均盈利能力较强，但有少数公司盈利能力不足，盈利能力整体上存在较大的差异性。样本公司的总资产周转率（TAT）均值为0.929，托宾Q（TQ）均值为2.088，成长性（Grow）均值为0.353，说明我国上市公司整体成长性较好，但公司间的差异较为明显。

7.3.2 相关性检验

表7-2列示了检验模型中各主要变量之间的相关系数矩阵。被解释变量操纵性应计的绝对值（|DA|）与审计师受教育水平（Edu）的相关系数显著为负，这初步表明审计师的教育水平越高越有助于知识资本的进一步积累，从而提高其职业胜任能力，能够更好地抑制被审计单位管理层的盈余操纵行为，提高客户公司财务报表信息的可信度。审计师执业经验（Exp）与操纵性应计的绝对值（|DA|）之间的相关系数显著为负，这初步表明审计师的执业经验越丰富，越有助于发现被审计单位财务报表中所存在的问题，从而更好地发挥审计师对客户公司财务报表盈余操纵现象的抑制作用，进而促进审计质量的提升。另外，审计师的教育水平（Edu）与执业经验（Exp）两个变量之间的相关系数在0.1的水平上显著为正，意味着两个变量之间可能会存在交互作用，说明分别设定计量模型7-1和7-2对假说7-1和7-2进行检验，以避免两个变量之间多重共线性对研究结果的影响有其必要性。

在模型的控制变量方面，第一，公司规模（Size）、上市时间的自然对数（LnT）、监事会规模（BSC）等公司治理变量与操纵性应计的绝对值（|DA|）显著负相关，说明上市公司在规模较大、内部治理较为完善的情况下，进行盈余操纵行为的动机会减弱，其财务报表的盈余质量也将更高。第二，上市公司的经营业绩（Loss）、资产负债率（Lev）等指标与操纵性应计的绝对值（|DA|）显著正相关，说明财务报表盈余操纵现象在经

表7-2 相关系数矩阵

变量	|DA|	Edu	Exp	PP	Size	Lev	ROE	NCF	TAT	CR	Loss	TQ	Grow	LnT	MFR	MPC	Big4
Edu	-0.052^{***}	1															
Exp	-0.057^{***}	0.013^{*}	1														
PP	-0.078^{***}	0.011^{**}	0.024^{*}	1													
Size	-0.118^{***}	0.024^{***}	-0.061^{*}	0.046^{*}	1												
Lev	0.152^{***}	0.018	-0.067	-0.069	0.035^{***}	1											
ROE	-0.022^{***}	0.031	-0.018	-0.023	0.041^{***}	0.026^{*}	1										
NCF	0.088^{***}	-0.073	-0.051	-0.032	0.017^{**}	0.031^{**}	0.026^{***}	1									
TAT	0.016^{*}	0.009	0.025	0.021	0.008^{**}	0.023^{*}	0.013	0.031	1								
CR	-0.056^{**}	0.016^{*}	0.031	0.029	-0.024^{*}	-0.033^{**}	0.009^{**}	0.051^{*}	0.008^{**}	1							
Loss	0.141^{***}	0.027	-0.026^{*}	-0.022^{*}	-0.182^{****}	0.151^{***}	-0.072^{***}	-0.036^{***}	-0.033^{***}	-0.028^{***}	1						
TQ	0.131^{***}	-0.034^{**}	0.038^{*}	0.038^{*}	-0.053^{***}	-0.039	0.044	0.034	0.076^{**}	0.006	-0.028^{**}	1					
Grow	0.157^{***}	0.028	0.036	0.035^{*}	0.129^{*}	-0.116^{**}	0.135^{**}	0.058^{***}	0.137^{***}	0.143^{***}	-0.044^{***}	0.013	1				
LnT	-0.023^{*}	0.033^{*}	0.012	0.022^{*}	0.045^{***}	0.063	0.048^{*}	0.091	0.066^{*}	0.247	0.099	0.058^{**}	0.018^{***}	1			
MFR	0.078^{***}	-0.014^{*}	0.056	0.134^{**}	-0.188^{***}	0.049^{***}	-0.126^{**}	-0.048^{**}	-0.035^{*}	-0.053^{**}	0.057^{***}	0.129^{**}	-0.002^{***}	0.056^{*}	1		
BSC	-0.017^{***}	0.010	-0.017	-0.026	-0.027^{***}	0.076^{*}	0.034	0.026	0.079	0.049	0.061	0.057	0.034^{**}	-0.062^{**}	0.073	1	
Big4	-0.066^{***}	0.026^{***}	-0.064^{*}	-0.011	0.338^{***}	0.098^{*}	0.045^{**}	0.088^{***}	0.056^{**}	-0.048^{**}	-0.161^{***}	-0.079^{**}	0.042	0.058^{***}	-0.105^{*}	-0.094^{***}	1
IT	-0.016^{**}	-0.043^{**}	0.092^{**}	0.083^{*}	0.105^{***}	0.044^{**}	0.023	0.051^{***}	0.063^{**}	-0.093^{***}	-0.033	0.031	-0.047^{**}	0.039^{***}	-0.017^{**}	-0.016^{*}	-0.057·

注：***、**和*分别表示在0.01、0.05和0.1的水平（双侧）上显著相关。

营业绩与财务状况较差的上市公司中表现得更为明显。第三，管理费用率（MFR）与公司操纵性应计的绝对值（|DA|）显著正相关，说明治理状况不理想、管理效率较差的公司更加倾向于通过盈余操纵来粉饰报表。第四，会计师事务所规模（Big4）与客户公司的操纵性应计的绝对值（|DA|）显著负相关，说明会计师事务所规模越大越有助于抑制客户公司的盈余操纵行为。第五，审计师任期（IT）与客户公司财务报表操纵性应计的绝对值（|DA|）显著负相关，说明审计师对某特定客户的长期连续审计，有助于其对客户特定信息的了解，进而有针对性地制订审计计划并执行审计程序，以确保客户公司财务报表信息的可信性。最后，各控制变量间的相关系数均小于0.2，说明变量之间不存在严重的多重共线性。

7.3.3 多元回归分析

表7-3报告了对模型7-1和模型7-2进行回归分析的结果。模型7-1的回归结果显示，以操纵性应计的绝对值（|DA|）作为审计质量的替代变量，会计师事务所转制变量与审计师教育水平变量的交叉项（PP*Edu）所对应的回归系数在0.01水平上显著为负。这一结果表明，在特殊普通合伙制会计师事务所内合伙人晋升与权责分配机制的激励作用下，教育水平较高的审计师在现有显性知识资本基础上进行知识集成的动机会更强，更加有助于其知识资本动态增值作用的实现，从而更快地获取和掌握新的业务知识和技能，在会计师事务所的执业过程中扮演更加重要的角色，进而审计师自身的执业活动对于上市公司财务报表盈余质量的保证程度更高。本书假设7-1的结论得到了验证。

对模型7-2的回归结果显示，以操纵性应计的绝对值（|DA|）作为审计质量的替代变量，会计师事务所转制变量与审计师执业经验变量的交叉项（PP*Exp）所对应的回归系数在0.01水平上显著为负。这一结果表明，在会计师事务所转制后的合伙人晋升与权责分配机制激励作用下，拥有丰富执业经验的审计师可以凭借其较高的知识集成能力，不断通过“干中学”过程中的隐性知识积累，获取更多新的审计业务知识和技能，不断提

高自身的职业判断能力和审计业务质量控制能力，从而对上市公司的盈余操纵行为表现出更强的抑制效果。这一研究结果支持了本书假设7-2的结论。

以上结果综合说明了，特殊普通合伙制事务所内的权责分配机制，更加有助于促使高知识资本审计师有效发挥其较强的知识资本吸收与集成能力，不断创造和积累新的审计业务知识和技能，在知识资本的自我循环累积效应作用下，越来越多地获取和拥有提高审计业务质量的能力，进而有助于审计师充分发挥审计执业活动对上市公司财务报表盈余操纵现象的抑制作用，对财务报告信息的可信性进行公允评价；合伙人资格遴选与晋升机制有助于实现对高知识资本审计师的深度“套牢”，有助于提高会计师事务所整体的知识存量并改善其知识结构，进而更大程度地促进会计师事务所审计质量的整体提高。因此可以得出结论：会计师事务所特殊普通合伙制转制后的激励与约束机制，对高知识资本审计师的激励作用更强，更加能够促进审计质量的提高。

表7-3的多元回归结果显示：在模型的控制变量方面，经营业绩（Loss）的回归系数显著为正，验证了当公司财务状况不好、负债水平高甚至出现经营亏损时，公司管理层更有动机通过操控盈余质量来粉饰报表，从而其盈余管理的幅度较大。客户公司规模变量（Size）、净资产收益率（ROE）、资产流动性（CR）的回归系数均显著为负，说明规模较大、财务业绩较好、资产流动性较强的上市公司更加注重声誉，其财务报表的盈余质量可能更高。公司监事会规模变量（BSC）的回归系数显著为负，表明在内部治理机制完善、监事会的监督制约职能得以有效发挥的上市公司，审计师在业务执行过程中所受的干扰可能较少，公司管理者对于审计师发现的待调整事项也更能够进行配合调整，从而提高了财务报表的盈余质量。审计师任期（IT）的回归系数显著为负，说明审计师在对特定客户长期执业的过程中，能够对其财务状况、经营业绩、行业政策等信息有更深入了解，进而能够准确研判该客户的审计风险水平，并相应地对审计程序做出调整，从而降低审计失误或审计失败的概率，确保财务报表信息的可信性。

表 7-3 **多元线性回归结果**

变量	模型 7-1		模型 7-2	
	系数	t值	系数	t值
PP	-0.009*	-2.23	-0.007*	-2.41
Edu	-0.013**	-2.95		
Exp			-0.016***	-3.75
PP*Edu	-0.036***	-5.37		
PP*Exp			-0.052***	-7.79
Size	-0.006***	-7.87	-0.013***	-8.12
Lev	-0.003***	-7.13	-0.009***	-7.71
ROE	-0.031***	-5.52	-0.022***	-7.82
NCF	0.005*	1.65	0.009*	1.32
TAT	0.011***	8.43	0.014***	8.01
CR	-0.004***	-5.55	-0.007***	-7.44
Loss	0.031***	7.12	0.027***	7.59
TQ	0.007***	4.96	0.011***	5.37
Grow	0.031***	9.63	0.042***	9.01
LnT	-0.003*	-1.26	-0.005*	-1.61
MFR	0.008**	2.60	0.006**	2.71
BSC	-0.017***	-9.05	-0.015***	-11.09
Big4	-0.015**	-3.08	-0.012**	-2.65
IT	-0.031***	-8.76	-0.024***	-9.11
Year	控制		控制	
Ind	控制		控制	
$AdjR^2$	0.246		0.321	
F值	56.76		63.33	
N	10 639		10 639	

注：***、**和*分别表示在0.01、0.05和0.1的水平（双侧）上显著相关。

7.4 进一步分析与稳健性测试

7.4.1 进一步分析

（1）按审计师知识资本水平分组

为进一步验证会计师事务所转制对审计师知识资本与审计质量之间关系的增强作用，本章以审计师知识资本水平为基准对样本数据进行分组，以检验转制前后审计质量的提升效果在不同知识资本水平的审计师之间是否存在差异。具体的分组方法和样本数据分布情况如下：第一，以审计师的受教育水平为基准对样本进行分组。以拥有本科及以上学历（Edu≥3）的审计师及所审上市公司为测试组，得到样本数据7 626个，财务报表操纵性应计的绝对值（|DA|）均值为0.052；选用学历在本科以下（Edu<3）的审计师及其所审上市公司为对照组，得到样本数据3 013个，财务报表操纵性应计的绝对值（|DA|）均值为0.071。两组数据的差异通过了均值T检验，初步表明审计执业活动对上市公司盈余操纵行为的抑制作用在不同教育水平的执业审计师之间存在差异。第二，以审计师的执业年限为基准对样本进行分组。以执业年限为5年（中位数）或以上者（Exp≥5）的审计师及其所审上市公司为测试组，得到样本数据6 829个，客户公司财务报表操纵性应计的绝对值（|DA|）均值为0.046；选取执业年限为5年以下（Exp<5）的审计师及其所审上市公司为对照组，得到样本数据3 810个，财务报表操纵性应计的绝对值（|DA|）均值为0.078。两组数据的差异通过了均值T检验，初步表明审计师执业经验水平的高低影响对客户公司盈余操纵行为的抑制程度。

表7-4中对模型7-3的多元回归结果显示，在高教育水平组（Edu≥3）中，会计师事务所转制变量（PP）的回归系数在0.05水平上显著为负；在低学历组（Edu<3）中，会计师事务所转制变量（PP）的回归系数为负但不显著，并且两组样本的组间回归系数chow检验结果十分显著。这说明学历教育水平较高的审计师对会计师事务所转制前后权责配置机制的变

化更加敏感，通过进一步对知识资本进行专用性投资来提高胜任能力，在决策权配置和收益分配方面谋求更多权益，并规避由会计师事务所转制所引起的风险或潜在损失，从而更能够进一步发挥审计师对上市公司盈余操控行为的抑制作用，进而提高审计质量。在审计师执业经验较高的组（Exp≥5）中，会计师事务所转制变量（PP）的回归系数在0.01水平上显著为负；在审计师执业经验较低的组（Exp<5）中，这一显著关系消失，并且两组样本的组间回归系数chow检验结果十分显著。这说明伴随着会计师事务所转制带来的激励与约束机制的变化，执业经验较为丰富的审计师在"干中学"过程中进一步对知识资本进行专用性投资的意愿更强，并且凭借其较高知识集成能力不断获取更多新的审计业务知识和技能，从而使得其职业能力和对上市公司盈余操纵行为的抑制作用不断增强。

表7-4　　**进一步分析（1）：样本分组测试**

变量	模型7-3							
	Edu≥3		Edu<3		Exp≥5		Exp<5	
	系数	t值	系数	t值	系数	t值	系数	t值
PP	-0.016^{**}	-5.33	-0.012	-0.73	-0.035^{***}	-8.25	-0.023	-1.04
Size	-0.008^{***}	-5.23	-0.004^{***}	-6.45	-0.003^{***}	-4.14	-0.005^{***}	-5.54
Lev	-0.012^{***}	-7.23	-0.015^{***}	-8.89	-0.011^{***}	-6.31	-0.004^{***}	-5.33
ROE	-0.041^{**}	-8.65	-0.034^{**}	-7.23	-0.023^{***}	-5.92	-0.018^{***}	-5.21
NCF	-0.014^{***}	-8.87	-0.017^{***}	-8.89	-0.009^{***}	-9.07	-0.007^{***}	-9.39
TAT	0.031^{***}	11.31	0.025^{***}	9.86	0.005^{***}	8.11	0.006^{***}	8.23
CR	-0.010^{***}	-7.26	-0.013^{***}	-8.18	-0.009^{***}	-5.22	-0.007^{***}	-3.98
Loss	0.027^{***}	6.24	0.026^{***}	5.88	0.024^{***}	4.93	0.023^{***}	5.50
TQ	0.001	1.18	0.001	1.17	0.002^{***}	3.65	0.002^{***}	3.93
Grow	0.043^{***}	9.86	0.045^{***}	9.37	0.031^{***}	10.01	0.036^{***}	9.65
LnT	-0.012^{*}	-1.68	-0.011^{*}	-1.59	-0.009^{*}	-1.77	-0.010^{*}	-1.56

续表

变量	模型7-3							
	Edu≥3		Edu<3		Exp≥5		Exp<5	
	系数	t值	系数	t值	系数	t值	系数	t值
MFR	0.022**	5.43	0.017**	4.87	0.016**	2.99	0.020**	3.75
BSC	-0.021***	-10.32	-0.018***	-9.26	-0.009***	-9.09	-0.008***	-9.96
Big4	-0.010***	-2.05	0-.010**	-2.03	-0.006**	-2.10	-0.006**	-2.08
IT	-0.022***	-8.65	-0.021***	-8.59	-0.011***	-5.67	-0.019***	-7.08
Year	控制		控制		控制		控制	
Ind	控制		控制		控制		控制	
$AdjR^2$	0.156		0.178		0.215		0.272	
F值	88.90		100.55		125.98		92.53	
Chow-Test	7.03***（0.009）				9.21**（0.003）			
N	7 626		3 013		6 829		3 810	

注：***、**和*分别表示在0.01、0.05和0.1的水平（双侧）上显著相关。

（2）聚焦于本土会计师事务所

已有研究大多认为，由国际“四大”会计师事务所审计的客户公司的财务报表质量要高于“非四大”会计师事务所审计的客户公司的财务报表质量（漆江娜等，2004；Francis和Yu，2009；Lawrence等，2011；宋衍蘅和肖星，2012；吴伟荣和刘亚伟，2015）。在国内本土会计师事务所进行特殊普通合伙转制的同时，“四大”中外合作会计师事务所也相继完成了本土化转制。鉴于“四大”中外合作会计师事务所在人员构成、治理机制、质量控制程序等方面存在特殊性，以下将“四大”的相关样本予以剔除，以本土会计师事务所为研究对象，对研究假设做进一步分析。

表7-5中的模型7-1和模型7-2的回归结果显示，会计师事务所转制变量与教育水平变量和执业经验变量之间的交叉项（PP*Edu、PP*Exp）的回归系数均在0.01水平上显著为负。这一结果表明，在本土会计师事务所转制后，合伙治理结构对高知识资本审计师的激励作用已取得了较好的

效果，教育水平和执业经验较高的审计师通过发挥自身较高的知识吸收和集成能力，不断增强对上市公司盈余操纵行为的抑制作用，从而在更大程度上促进了审计质量的提高。

表7-5　**进一步分析（2）：聚焦于本土事务所**

变量	模型7-1		模型7-2	
	系数	t值	系数	t值
PP	-0.011**	-3.05	-0.009*	-1.69
Edu	-0.011***	-4.86		
Exp			-0.015***	-4.87
PP*Edu	-0.048***	-7.01		
PP*Exp			-0.059***	-9.12
Size	-0.007***	-7.34	-0.009***	-8.21
Lev	-0.011***	-7.05	-0.014***	-6.98
ROE	-0.018***	-10.08	-0.025***	-9.45
NCF	0.005*	1.59	0.003*	1.67
TAT	0.014***	8.25	0.028***	9.58
CR	-0.011***	-8.13	-0.008***	-5.86
Loss	0.031***	7.25	0.026***	9.11
TQ	0.010***	8.27	0.008***	6.32
Grow	0.029***	10.79	0.057***	11.52
LnT	-0.014*	-1.85	-0.009*	-1.62
MFR	0.032**	2.85	0.022**	2.97
BSC	-0.018***	-9.25	-0.021***	-9.01
Big4	-0.015**	-2.58	-0.018**	-2.61
IT	-0.024***	-8.29	-0.019***	-10.11
Year	控制		控制	
Ind	控制		控制	
$AdjR^2$	0.243		0.175	
F值	65.67		78.15	
N	9 899		9 899	

注：***、**和*分别表示在0.01、0.05和0.1的水平（双侧）上显著相关。

（3）区分盈余操纵的方向

已有研究表明，审计师对客户企业盈余操纵的忍受存在不对称的行为，或许可以默许客户企业负的可操控性应计，即调低报告利润，但是对正向可操控性应计较为严格。以下对上市公司财务报表中的正向和负向盈余操纵现象做出区分，以模型7-1和模型7-2为基础做回归分析，以进一步检验会计师事务所转制对审计师知识资本与审计质量之间关系的增强作用。

从表7-6的回归结果可以看出：在正向盈余操纵行为中，会计师事务所转制变量与教育水平变量和执业经验变量之间的交叉项（PP*Edu、PP*Exp）的回归系数均在0.01水平上显著为负；而在负向盈余操纵行为中，以上两个交叉项的回归系数均不显著。上述结果表明，在特殊普通合伙制会计师事务所内合伙人晋升与权责分配机制的激励作用下，高知识资本审计师对上市公司的正向盈余操纵行为表现出更强的抑制作用，但这种抑制作用在上市公司的负向盈余操纵行为中表现得不明显。这一结果可能与审计师在审计业务执行过程中对客户公司的正向盈余操纵行为保持较高的审慎性有关。

表7-6 **进一步分析（3）：区分盈余操纵方向**

变量	模型7-1				模型7-2			
	正向盈余操纵				负向盈余操纵			
	系数	t值	系数	t值	系数	t值	系数	t值
PP	-0.016**	-5.33	-0.012	-0.73	-0.035***	-8.25	-0.023	-1.04
Edu	-0.014***	-4.12			-0.019	-1.10		
Exp			-0.021***	-3.89			-0.028	-1.17
PP*Edu	-0.043***	-5.87			-0.025	-1.24		
PP*Exp			-0.066***	-8.22			-0.041	-0.66
Size	-0.006***	-5.62	-0.005***	-7.13	-0.011***	-5.22	-0.013***	-6.20
Lev	-0.009***	-7.86	-0.007***	-7.07	-0.005***	-5.44	-0.009***	-3.37
ROE	-0.028**	-2.89	-0.020**	-2.75	-0.021***	-7.85	-0.023***	-7.48

续表

变量	模型7-1				模型7-2			
	正向盈余操纵				负向盈余操纵			
	系数	t值	系数	t值	系数	t值	系数	t值
NCF	-0.011***	-8.74	-0.011***	-8.79	0.002***	11.04	0.002***	11.51
TAT	0.062***	21.49	0.059***	21.58	0.051***	8.36	0.050***	8.49
CR	-0.011***	-8.56	-0.012***	-7.28	-0.008***	-5.01	-0.007***	-3.97
Loss	0.027***	6.24	0.026***	5.88	0.028***	5.91	0.026***	5.58
TQ	0.001	1.18	0.001	1.17	0.002***	3.48	0.002***	3.75
Grow	0.048***	9.86	0.050***	9.37	0.051	1.23	0.052	1.36
LnT	-0.012*	-1.75	-0.009*	-1.58	-0.010*	-1.97	-0.007*	-1.86
MFR	0.022**	2.52	0.018**	2.46	0.019**	2.45	0.021**	2.67
BSC	-0.028***	-10.07	-0.031***	-8.24	-0.020	-0.87	-0.027	-0.90
Big4	-0.010***	-2.05	-0.014**	-2.03	-0.022	-1.15	-0.025	-1.08
IT	-0.022***	-8.65	-0.021***	-8.59	-0.016***	-8.57	-0.018***	-9.14
Year	控制		控制		控制		控制	
Ind	控制		控制		控制		控制	
$AdjR^2$	0.213		0.156		0.312		0.265	
F值	51.35		55.78		87.34		90.03	
N	10 639		10 639		10 639		10 639	

注：***、**和*分别表示在0.01、0.05和0.1的水平（双侧）上显著相关。

7.4.2 稳健性测试

（1）审计质量的替代度量

借鉴Gul等（2013）的研究经验，以审计报告激进度（AR）代表审计质量，分别对模型7-1和模型7-2做回归分析。表7-7的多元回归结果显示，会计师事务所转制变量与教育水平变量和执业经验变量之间的交叉项（PP*Edu、PP*Exp）的回归系数均在0.01水平上显著为负。上述结果表明，会计师事务所转制提高了对高知识资本审计师的激励程度，促使他们进行专用性投资以增强职业胜任能力，降低因审计失败而导致诉讼的概率，从而审计师出具审计报告的激进度降低，呈现了更高的审计质量。稳健性测试结果与前文结论基本一致。

表7-7　　**稳健性测试（1）：审计质量的替代度量**

变量	模型7-1		模型7-2	
	系数	t值	系数	t值
PP	-0.010**	-3.12	-0.008**	-3.41
Edu	-0.009**	-2.58		
Exp			-0.018***	-4.31
PP*Edu	-0.041***	-7.89		
PP*Exp			-0.039***	-6.52
Size	-0.007***	-8.59	-0.009***	-9.25
Lev	-0.012***	-7.17	-0.009***	-8.18
ROE	-0.018***	-9.18	-0.025***	-7.14
NCF	0.010*	1.75	0.008*	1.91
TAT	0.007***	8.14	0.003***	5.95
CR	-0.011***	-8.84	-0.012***	-4.24
Loss	0.031***	7.21	0.025***	9.54
TQ	0.007***	4.39	0.009***	5.98
Grow	0.034***	10.14	0.029***	9.10
LnT	-0.010*	-1.59	-0.008*	-1.89
MFR	0.019**	2.85	0.018**	2.76
BSC	-0.021***	-9.21	-0.023***	-9.57
Big4	-0.010**	-3.25	-0.014**	-3.08
IT	-0.034***	-8.28	-0.026***	-9.57
Year	控制		控制	
Ind	控制		控制	
$AdjR^2$	0.312		0.343	
F值	56.83		77.31	
N	10 639		10 639	

注：***、**和*分别表示在0.01、0.05和0.1的水平（双侧）上显著相关。

（2）测试变量的替代度量

审计师的教育水平（Edu）采用二分变量，本科及以上学历赋值为1，否则为0；执业经验（Exp）以会计年度之前对上市公司客户累计签发审计报告数量进行替代度量，分别对模型7-1和模型7-2进行回归分析。表7-8的多元回归结果显示，会计师事务所转制变量与教育水平变量和执业经验变量之间的交叉项（PP*Edu、PP*Exp）的回归系数均在0.01水平上显著为负。这表明特殊普通合伙制会计师事务所的权责分配机制对高知识资本审计师的激励效果更好，更有助于发挥他们的知识吸收和集成能力，进一步提高了对上市公司盈余操纵行为的抑制作用。稳健性测试的结果与前文研究结论基本一致。

表7-8　　**稳健性测试（2）：测试变量的替代度量**

变量	模型7-1		模型7-2	
	系数	t值	系数	t值
PP	-0.011**	-3.29	-0.013**	-3.38
Edu	-0.016**	-3.15		
Exp			-0.018***	-5.56
PP*Edu	-0.055***	-7.78		
PP*Exp			-0.048***	-8.19
Size	-0.009***	-8.24	-0.011***	-8.57
Lev	-0.006***	-7.21	-0.005***	-7.85
ROE	-0.025***	-8.91	-0.018***	-7.12
NCF	0.004*	1.96	0.003*	1.84
TAT	0.008***	8.45	0.009***	8.07
CR	-0.010***	-5.05	-0.008***	-3.96
Loss	0.027***	7.12	0.029***	7.91
TQ	0.011***	3.97	0.005***	3.82
Grow	0.042***	9.62	0.040***	9.11

续表

变量	模型7-1		模型7-2	
	系数	t值	系数	t值
LnT	-0.010*	-1.61	-0.009*	-1.52
MFR	0.024**	2.87	0.019**	2.91
BSC	-0.025***	-7.52	-0.017***	-9.42
Big4	-0.023**	-3.11	-0.016**	-3.08
IT	-0.025***	-9.21	-0.021***	-7.18
Year	控制		控制	
Ind	控制		控制	
$AdjR^2$	0.276		0.325	
F值	67.43		81.56	
N	10 639		10 639	

注：***、**和*分别表示在0.01、0.05和0.1的水平（双侧）上显著相关。

7.5　本章小结

本章选取2007—2015年我国沪深A股上市公司及其财务报告主审会计师事务所、项目签字审计师为研究样本，将会计师事务所特殊普通合伙转制这一制度因素作为前置变量，对审计师知识资本与审计质量之间的关系做了动态实证考察。研究结果显示：（1）在特殊普通合伙制会计师事务所内合伙人晋升与权责分配机制的激励作用下，教育水平较高的审计师在现有显性知识资本的基础上进行知识集成的动机会更强，更加有助于其知识资本动态增值作用的实现，从而更快地获取和掌握新的业务知识和技能，在会计师事务所执业过程中扮演更加重要的角色，进而对上市公司财务报表质量保证的公允性程度更高。（2）在会计师事务所转制后的合伙人晋升与权责分配机制的激励作用下，拥有丰富执业经验的审计师可以凭借其较高的知识集成能力，不断地通过“干中学”过程中的隐性知识积累，获取更多新的审计业务知识和技能，在知识资本自我循环累积效应的作用下，不断提高职业判断能力和审计业务质量控制能力，从而对上市公司的盈余操纵行为表现出更强的抑制效果。(3) 以审计师知识资本水平为基准对样本进行分组测试，结果表明：受教育水平高的审计师对会计师事务所转制前后权责配置机制的变化更加敏感，更加倾向于进一步对知识资本进行专用性投资来提高胜任能力，在决策权配置和收益分配方面谋求更多权益，并规避由会计师事务所转制所引起的风险或潜在损失，对上市公司盈余操控行为的抑制作用更加显著；伴随着会计师事务所转制带来的激励与约束机制的变化，执业经验丰富的审计师通过“干中学”的过程对知识资本进行专用性投资的意愿更强，并且凭借较高的知识集成能力不断获取更多新的审计业务知识和技能，其执业行为对上市公司财务报表盈余操纵现象的抑制效果不断增强。(4) 剔除国际“四大”国内合作所的相关样本后的结果显示，本土会计师事务所转制后的合伙治理结构对高知识资本审计师的激励作用已取得了较好的效果，教育水平和执业经验较高的审计师通过发挥较高的知识吸收和集成能力，不断增强对上市公司盈余操纵行为的抑制作用，从而在更大程度上促进了审计质量的提高。(5) 区分上市公司盈余操纵的方向之后研究表明，在特殊普通合伙制会计师事务所内合伙人晋升与权责分配机制的激励作用下，高知识资本审计师对上市公司的正向盈余操纵行为表现出更强的抑制作用，但这种抑制作用在上市公司的负向盈余操纵行为中表现得不明显。(6) 借鉴Gul等（2013）的研究经验，本章采用审计报告激进度指标作为审计质量的替代变量，以及对审计师的教育水平和执业经验变量进行其他替代度量，进行多元回归分析的结果与主测试结果基本一致。

第 8 章

研究结论及政策建议

8.1 研究结论与展望

自国办发〔2009〕56号文件颁布实施以来，我国大中型会计师事务所普遍完成了以特殊普通合伙转制为主要内容的组织形式转换，这是中国注册会计师行业发展史上一次具有里程碑意义的重大变革。审计质量是关乎注册会计师行业生存和发展的根本，会计师事务所转制是否有助于提高审计质量，是行业监管部门和社会各界共同关注的问题。本书以会计师事务所转制所引致的激励与约束机制变化为切入点，在对会计师事务所转制的审计质量提升效果进行整体考察的同时，将研究视角深入到审计师个体层面，探讨会计师事务所转制对审计师知识资本与审计质量之间关系的增强效应，通过数理模型分析和统计实证研究得出了一些有益的结论。

8.1.1 本书研究结论

本书首先基于决策权配置、收益分配与风险承担等权责分配机制变化的多重视角，对会计师事务所转制与审计质量之间的关系做了系统考察；进一步将研究视角深入审计师个体层面来探讨知识资本与审计质量之间的关系，并将这一关系置于会计师事务所转制背景下进行动态研究，从而揭示了在不同治理结构下权责分配机制差异对审计师行为以及审计质量的影响；在理论分析与数理模型推导的基础上，提出会计师事务所转制、审计师知识资本与审计质量之间关系的基础命题；以命题为依据进行演绎推理提出具体的待检验假说，并基于我国特定的经济环境和制度背景设定合理的计量检验模型，选取2007—2015年沪深A股上市公司的财务报告及相应的审计报告为初始研究样本，对待检验假说进行实证检验，并在对实证结果进行分析的基础上得出具体的研究结论。本书理论与实证分析得出的研究结论主要包括以下几个方面：

第一，会计师事务所由有限责任公司制转制为特殊普通合伙制，决策权配置、收益分配与风险承担机制的整体变化对审计师执业行为产生了很强的激励作用，从而提高了审计师的执业努力程度与执业审慎性，进而有助于会计师事务所审计质量的整体提升。本书以会计师事务所转制所引起的权责分配机制变化的多视角分析为基础，通过数理模型推导提出会计师事务所转制与审计质量之间关系的基础命题，进而通过演绎推理提出基于会计师事务所整体质量控制和风险识别情况下的理论假说并对其进行实证分析。研究结果显示：(1) 组织形式由有限责任公司制转制为特殊普通合伙制之后，会计师事务所内部的治理结构与权责分配机制随之改变，决策权配置与收益分配机制提高了审计师的合作意愿与执业积极性，风险共担机制增加了审计师的法律责任并敦促其提升风险意识，这些方面都有助于提高审计师的执业努力程度和执业审慎性，从而对客户公司管理者进行盈余操纵的行为表现出了更强的抑制作用，使得会计师事务所的审计质量得以整体提高。(2) 进一步来说，特殊普通合伙制会计师事务所内的风险分担机制增加了审计师个体的法律责任，使得他们在面对高法律风险客户时会保持更高的警惕性，对这类客户的风险意识也更为敏感，进而在审计师执业过程中实施更为谨慎的审计程序，降低审计失败及由此招致的审计诉讼风险的概率，在客观上提高了所审计公司财务报表的盈余质量。(3) 在对会计师事务所转制前后的样本进行分组后，回归分析结果显示在不同的组织形式下会计师事务所及其审计师对法律风险的识别及控制情况存在差异，并且会计师事务所对转制政策带来的预期法律风险变化做出了预防性反应，从而对高法律风险客户盈余操控行为的抑制作用更加显著。(4) 剔除国际“四大”国内合作所的相关样本后，对本土会计师事务所转制的效果进行集中考察，结果同样显示会计师事务所转制促进了审计执业对上市公司盈余操纵行为抑制作用的有效发挥，并进一步抑制了高法律风险公司的高盈余操纵现象。(5) 区分上市公司盈余操纵的方向之后，会计师事务所转制对于上市公司正向盈余操纵行为的抑制效果非常显著，并且这一现象在高法律风险公司财务报表样本中表现得更加明显；而对于负向盈余操纵行为，上述抑制效果虽然存在但表现并不明显，这可能与审计师执业过程对客户公司管理者的正向盈余操纵行为保持更高的审慎性有关。(6) 借鉴Gul等（2013）的研究经验，采用审计报告激进度指标作为审计质量的替代变量，以及对测试变量法律风险采用其他变量替代度量并进行回归分析，所得研究结论与主测试部分基本一致。

第二，审计师的知识资本水平越高，其胜任能力与独立性程度越高，从而有助于提高审计质量；并且审计师的受教育程度与执业经验两个变量之间，在提高审计质量方面存在着交互效应。本书在分析审计师知识资本与审计质量之间关系的基础上，通过数理模型推导提出基础命题，进而实证考察了审计师教育水平和执业经验两个方面以及它们之间的交互作用对审计质量的影响。研究结果显示：(1) 审计师个体所受的教育水平越高，其所拥有的通用性审计业务知识和技能也就越多，较强的学习能力也有助于知识资本的进一步积累，从而使得审计师拥有较强的胜任能力，对被审计客户公司管理者的财务报表盈余操纵行为表现出较强的抑制作用，进而提高了审计报告质量。(2) 执业经验较为丰富的审计师自身的风险意识与风险识别能力更强，能够更加有效地确定被审计客户财务报表中可能存在错报或漏报的范围，进而调整审计计划和实质性程序进行风险应对，这有助于保证财务报表信息的可信性并提高审计质量。(3) 审计师所接受的学历教育水平越高其学习能力和获取新知识的能力也就越强，能够在审计执业的过程中随着经验的增加而不断获取新的审计相关业务知识，从而进一步增加了控制审计风险、适应新的审计业务、进行有效的职业判断的能力，有助于他们更好进行审计工作、保证客户公司财务报表的信息质量，审计师的教育水平和执业经验两个变量之间在促进审计质量提高方面产生了增强型的交互效应。(4) 区分上市公司盈余操纵的方向之后，审计师知识资本水平的增加能够提高审计师的胜任能力和独立性，进而更好地发挥审计师对上市公司财务报表正向盈余操纵现象的抑制作用，而对于上市公司财务报表负向盈余操纵现象的抑制作用则并未完全显现；审计师的教育水平和执业经验两个变量之间所产生的交互效应，也主要表现在对上市公司正向盈余操纵行为的抑制作用上。（5）对于审计报告的签字复核审计师而言，其所受的教育水平和拥有的执业经验与被审计客户财务报表可操纵性应计绝对值之间的相关性均不明显，说明他们对于具体审计项目主要起到二级或三级复核作用，在较少参与审计项目执行的情况下，即便拥有较高的知识资本也难以进一步指出被审计客户财务报告中存在的问题，在审计执业和审计质量提高的过程中所发挥的作用有限。（6）借鉴 Gul 等（2013）的研究经验，采用审计报告激进度指标作为审计质量的替代变量，以及对审计师的教育水平和执业经验变量进行其他替代度量，回归分析结果与主测试部分基本一致。

第三，会计师事务所特殊普通合伙转制后的权责配置与晋升机制，对高知识资本审计师的专用性投资有更好的激励效果，从而影响知识资本能动创造性与动态增值作用的发挥，进一步强化了审计师知识资本与审计质量之间的正向关系。本书首先分析会计师事务所转制对高知识资本审计师及其知识资本运用能力的影响，并通过数理模型推导命题，进而合理设定计量模型对会计师事务所转制、审计师知识资本与审计质量之间关系的理论假说进行实证检验。研究结果显示：（1）在特殊普通合伙制会计师事务所内合伙人晋升与权责分配机制的激励作用下，教育水平较高的审计师在现有显性知识资本基础上进行知识集成的动机会更强，更加有助于审计师自身知识资本动态增值作用的实现，从而更快地获取和掌握新的业务知识和技能，在会计师事务所执业过程中扮演更加重要的角色，对上市公司财务报表质量保证的公允性程度更高。（2）在会计师事务所转制后的合伙人晋升与权责分配机制的激励作用下，拥有丰富执业经验的审计师可以凭借其自身较高的知识集成能力，不断地通过“干中学”过程中的隐性知识积累，获取更多新的审计业务知识和技能，在知识资本的自我循环累积效应作用下，不断提高职业判断能力和审计业务质量控制能力，从而对上市公司的盈余操纵行为表现出更强的抑制效果。（3）以审计师知识资本水平为基准对样本进行分组测试，结果表明：受教育水平高的审计师对会计师事务所转制前后权责配置机制的变化更加敏感，更加倾向于进一步对知识资本进行专用性投资来提高胜任能力，在决策权配置和收益分配方面谋求更多权益，并规避由会计师事务所转制所引起的风险或潜在损失，从而对上市公司盈余操控行为的抑制作用更加显著；伴随着会计师事务所转制带来的激励与约束机制的变化，执业经验丰富的审计师通过"干中学"过程，对知识资本进行专用性投资的意愿更强，并且凭借审计师自身较高的知识集成能力不断获取更多新的审计业务知识和技能，其执业行为对上市公司财务报表盈余操纵现象的抑制效果不断增强。（4）剔除国际"四大"国内合作所的相关样本后的结果显示，本土会计师事务所转制后，合伙治理结构在发挥高知识资本审计师激励作用方面已取得了较好的成果，教育水平和执业经验较高的审计师通过发挥较高的知识吸收与集成能力，不断增强对上市公司盈余操纵行为的抑制作用，从而在更大程度上促进了审计质量的提高。（5）区分上市公司盈余操纵的方向之后研究表明，在特殊普通合伙制会计师事务所内合伙人晋升与权责分配机制的激励作用下，高知识资本审计师对上市公司的正向盈余操纵行为表现出更强的抑制作用，但这种抑制作用在上市公司的负向盈余操纵行为中表现得不明显。（6）借鉴Gul等（2013）的研究经验，采用审计报告激进度指标作为审计质量的替代变量，以及对审计师的教育水平和执业经验变量进行其他替代度量，回归分析结果与主测试部分基本一致。

8.1.2　未来研究方向

本书将审计师知识资本与审计质量之间关系的考察，嵌入会计师事务所转制所引起的激励与约束机制变化之中，对不同治理结构下权责分配机制的差异对审计师行为以及审计质量的影响做了动态呈现，从而深化了审计质量领域的研究。然而限于文章篇幅及个人研究能力，对一些有意义的相关话题未能悉数予以探讨。

第一，本书立足于我国大中型会计师事务所组织形式由有限责任公司制向特殊普通合伙制转变这一时代背景，考察了审计师知识资本与审计质量之间的动态关系。事实上，英美一些会计师事务所在20世纪90年代也经历过一次“转制”，所不同的是这次转制的主体主要是由普通合伙制会计师事务所转变为有限责任公司制会计师事务合伙所。如果能够将中外会计师事务所在不同的制度背景下的转制及其效果进行对比分析，所得出的研究结论可能会使转制效果的呈现更为完整，对于加强我国注册会计师行业监管与提高审计服务水平也会有好的借鉴意义。

第二，在审计师所受教育水平的衡量方面，本书采用了正规学历教育这一指标。一般来说，通过正规学历教育途径所获得的知识和技能大多属于通用性知识，其适用范围较为宽泛，而通过继续教育、行业培训、企业内部培训等途径所获得的知识和技能其行业专用性或企业专用性一般更强，这类知识资本对于审计质量的提高可能会有更为直接的促进效果。本书通过学历教育和非学历教育两种途径所获得的知识和技能之间在审计质量提升过程中的作用路径和效果有何具体不同，以及如何将这些差异予以有效阐释与比较，针对这些问题的研究对注册会计师行业发展与人才储备具有理论指导意义。

第三，本书在审计师知识资本的分类与度量方面采用了教育水平和执业经验这两个指标，并利用大样本档案数据从这两个维度分别验证了审计师知识资本水平差异对审计质量的影响。从理论上来说，审计师的教育水平和执业经验分别属于显性知识资本与隐性知识资本两种不同的类型。两者之间在审计师知识资本的审计质量提高效应中所起的作用在程度与路径方面有何具体不同，以及选用何种指标来对显性与隐性这两种类型的知识资本进行更加有效的度量和刻画，都是值得未来采用更加有效的研究方法和手段做进一步探讨的重要问题。

8.2 政策建议

根据本书理论与实证研究结论，审计师知识资本在审计质量提高的过程中扮演了重要角色，是有助于注册会计师行业声誉保持和会计师事务所竞争优势获取的关键性资源；会计师事务所转制所引起的激励与约束机制变化，对高知识资本审计师产生了更好的激励效果，从而有助于知识资本动态增值作用的发挥，进一步增强了审计师知识资本与审计质量之间的正向关系。以会计师事务所组织形式变革的顺利完成为基点，进一步完善会计师事务所知识治理、优化独立审计权责结构并加强行业人才培养，对我国注册会计师行业做强做大战略的实现将起到重要的推动作用。

（1）加强对知识资本的管理，促进审计师能力的发挥

根据本书的研究结论，审计师个体的知识资本水平越高，越有助于会计师事务所审计质量的提高。陈高才等（2013）提出了我国会计师事务所在知识管理模式创新上应该加倍努力的侧重点。本书进一步提出应在以下几个方面加强对知识资本的管理，从而有助于高知识资本审计师保留、激励与能力发挥的建议。

第一，加强对审计师知识资本的档案管理与有效运用。具有特定专业技能和专门经验的高知识资本审计师，是会计师事务所最具关键性的资源。高知识资本审计师无论是在对合伙事务进行重大战略决策的过程中，还是在具体审计业务的执行过程中，都发挥着关键性的作用。因此，在会计师事务所内部，应当建立健全人才档案并绘制专门技术人才地图，对具有特定知识或专门经验的审计师进行动态管理尤为重要。人才档案的建设需要根据审计师知识资本维度与水平的不同确定分类或分级，其中尤其要关注审计师的受教育水平、执业经验、行业专长、职业道德遵守以及诚信情况，有必要还可以建立专门的审计师诚信档案。审计师知识资本分类档案与人才地图的建设，有助于会计师事务所根据具体的审计业务类型，配置具备差异性或互补性的审计师，通过合理调配审计师资源来确保团队工作质量，避免会计师事务所资源的浪费，从而提高会计师事务所的执业绩效与市场竞争力。

第二，通过关键业务授权实现高知识资本审计师留任。专业服务企业的治理关键在于对高流动性专业人员的保留和激励（Greenwood 等，2005），国内会计师事务所普遍存在着人员流动率较高的问题。高知识资本审计师若从原会计师事务所分化出来，可能会带走一部分关键资源，离职后很可能成为竞争对手的业务骨干，或者他们自身就成为原会计师事务所的有力竞争者。为防止审计师离职所可能导致的损失，会计师事务所对于关键审计业务或重点岗位需要建立分工与合作机制。比如对重要客户的

审计业务应由多个审计师或项目团队协作完成。关键任务的分工与合作机制设计，使得个体审计人员无法完整掌握执行关键业务所需的全部资源。由于关键资源掌握不足以及自身知识和能力的欠缺，个体审计师不能够独立地从事有关的业务活动，从而使得审计师的离职动机或利用所掌握的资源谋取私利的动机都将减弱。分工与合作机制不仅有利于高知识资本审计师的留任，而且有助于审计师之间知识和能力的优化组合，进而促进审计师团队整体执业能力的提升。

第三，通过授权与监督强化高知识资本审计师的作用。审计师是审计执业活动的主体，在会计师事务所运营与价值创造的过程中居于核心地位。会计师事务所一般不存在外部出资人身份的股东，对重大合伙事务由全体合伙人共同决策，对于具体业务的决策权则需要授予从事执业活动的审计师。中国注册会计师协会发布的《会计师事务所内部治理指南》明确提出："事务所内部治理应当以'人合'为基础，尊重注册会计师的智力劳动和专业价值，充分发挥专业和知识在事务所内部决策和管理中的主导作用。"鉴于个体审计师在知识、能力以及拥有和掌握资源等方面存在差异，因此会计师事务所需要将更多的决策权赋予高知识资本审计师，以提高会计师事务所治理和运营效率。为了减少在授权与执行过程中所产生的代理成本，特殊普通合伙制会计师事务所在合伙人委员会之外，还需要设立监事会以对权力的行使进行监督。

（2）变知识管理为知识治理，打造会计师事务所核心竞争力

本书研究表明，审计师知识资本水平与审计质量之间存在正向关联，会计师事务所转制所带来的内部治理结构与激励机制变化又使得这一正向关联效应得到了进一步强化。以会计师事务所转制的顺利完成为契机，进一步加强内部制度层面上的激励与引导，变组织控制层面的知识管理为制度建设层面的知识治理，通过激励机制的设计与实施来促进高知识资本审计师能力与作用的发挥，是会计师事务所打造核心竞争力的一个重要方向。以下提出关于加强和完善会计师事务所知识治理体系，从而有助于打造会计师事务所核心竞争力的几点建议。

第一，提高审计师知识资本在会计师事务所收益分配中的比例。审计师知识资本是会计师事务所的关键性生产要素，知识资本水平代表着审计

师未来对于审计质量提升的可能贡献程度。在收益分配机制设计中，应将审计师知识资本及其业绩和贡献纳入考量范围。中国注册会计师协会发布的《会计师事务所特殊普通合伙协议范本》规定了三种收益分配方式：按出资比例分配、平均分配或者按照约定比例进行分配。在第三种分配方式中，可以合伙人的教育水平、执业年限、专业胜任能力、业务开拓能力、业务质量等因素作为约定比例的基准。非合伙人的管理人员薪酬应与其业务拓展能力、业务质量、管理水平等挂钩，采用高浮动的计酬方法。非合伙人的专业技术人员应以职业品德、胜任能力等因素为基础，辅以完成工作量和差错率等指标，采用低浮动加特殊奖励的方法，以便更好激发知识型员工的工作积极性。

第二，完善审计师之间的风险分担与共同监督机制。特殊普通合伙制会计师事务所内部治理需要在共同决策与公平分配的基础上建立风险分担机制。风险分担机制要求会计师事务所内的全体合伙人对于由于个别人员工作失误所造成的损失联合承担责任。合伙人承担联合责任的范围，既包括由于员工工作失误所造成的财产或声誉损失，又包括由于潜在的法律诉讼所带来的风险。在风险与责任的约束下，审计师将更加有动机提高自身的执业审慎性，努力工作并通过“干中学”的过程来提高自身的职业胜任能力。风险分担机制可以使得审计师在增加自身努力的同时，也有很强的动机去监督其他审计师的执业行为，从而有助于形成同事监督的氛围。建立合伙事务监督委员会并对项目团队进行纵向监督等，是共同监督机制的主要构成部分。完善的风险分担与共同监督机制，能够向客户传递高质量审计服务的信号，从而有利于会计师事务所的业务开展，是维护会计师事务所声誉、实现合作共赢目标的重要保障。

第三，发挥晋升机制对高知识资本审计师的激励效果。高知识资本审计师不仅接受过良好的教育，而且拥有卓越的经验和职业判断能力，是在会计师事务所执业过程中创造价值的中坚力量。审计师的诚实、公正、有合作精神等良好品德，在把好审计质量关、维护项目团队团结等方面也起着关键作用。会计师事务所应该将合伙人资格赋予知识资本水平较高且品行端正、业务能力突出的审计师。给予高知识资本审计师晋升为合伙人的机会，有助于审计师自身主观能动性的发挥，从而激发其潜力与创新能力。合伙人资格遴选机制可通过对专用性投资的激励作用而加深审计师对会计师事务所的依赖，实现对高知识资本审计师的深度“套牢”。每位审计师所掌握的知识和技能各有侧重，在一定程度上具有互补性，因此，审计师在执业过程中应通过不断交流来互相了解对方的优势和特点。合伙人遴选的推荐机制能够使得有较高知识资本水平和卓越经验的审计师进入合伙人队伍，从而有利于提高会计师事务所的运营效率与执业质量。

（3）完善自律监管协同机制，巩固会计师事务所转制的成效

本书研究结论表明，会计师事务所转制所引起的激励机制变化，对审计师知识资本水平与审计质量之间的正向关系起到了强化效果。纵览我国大中型会计师事务所转制的历程可以看出，政府部门以及立法工作的支持和引导是会计师事务所组织形式变革得以顺利实现的动力、源泉。法律监管、政府监督、行业自律等外部约束机制的优化，是完善审计师执业行为激励与约束机制的一个重要方面。

第一，完善相关法律法规体系，规范独立审计执业环境。消除相关法律文件修订的滞后性，以适应行业监管体系发展以及会计师事务所组织形式变化所带来的责任承担机制的改变，已经成为制约会计师事务所转制发展的一个重要问题。当前我国有关注册会计师行业监管的法律法规和政策性规定大多散见于《民法通则》《刑法》《公司法》《证券法》《合伙企业法》《审计法》《注册会计师法》等相关法律文件中，最高人民法院颁布的《最高人民法院关于审理涉及会计师事务所在审计业务活动中民事侵权赔偿案件的若干规定》则对审计师虚假陈述行为的民事责任做了具体规定。当前尤其需要在以下几个方面完善相关法律法规体系，以规范独立审计的执业环境：其一，通过立法将我国注册会计师行业以政府监管为主的监管模式予以确定，在相关法律修订中应明确政府部门与行业自律组织之间在权限上的分工，对政府部门与行业组织之间的相互关系进行规范。其二，在《证券法》修订时应将合伙企业并非独立的民事责任承担主体这一情况予以考虑，并且为避免相关规定与法律法规之间出现冲突，与独立审计市场监管有关的规定文件也要做相应修订。其三，在相关法律法规中不仅要对监管主体的监管权限、监管程序等予以明确，而且要完善监督的相关事后救济机制。

第二，监管部门与行业组织协作，形成审计监督协同效应。财政部、证监会和审计署作为审计市场监管的三大部门，应构筑畅通有效的协作机制对注册会计师审计进行有效监管；并且政府监管机构与行业自律组织之间也要加强协调，构建以政府监管为主、行业自律为辅的开放式监管模式，形成审计监督协同效应：其一，财政部门在针对涉及证券期货相关业务的会计师事务所进行监督时，应注重和证监会相互协调，由两部门联合执法对违法违规的会计师事务所及执业审计师做出相应处罚。其二，财政部门在针对涉及公共资金使用企业审计的会计师事务所进行监督时，还应注重与政府审计部门密切配合。其三，财政部门内部也要建立有效的沟通与协调机制。财政部门内部的监督检查、会计管理和法规机构要密切合作，加大审计师执业行为监督与违法违规行为处置的力度。第四，深化对行业自律性监管的研究，完善行业自律性监管机制，并探索在法律高度上对注册会计师协会的性质与职能等进行正确定位。

第三，弘扬诚信文化，对注册会计师进行诚信教育。诚信是我国传统道德文化的重要内容之一（陈毓圭，2009）。“人无信不立”，诚实守信也是做人的基本标准。《中庸》有言：“诚者，天之道也。诚之者，人之道也。……诚之者，择善而固执之者也。”对个人道德素质和自我修养提出了很高的要求。以“诚信文化”为核心对审计师进行诚信教育，要求其思想道德修养和科学文化素质教育并重，并培养审计师诚实守信、一诺千金、公正持平、正直清廉的道德品质。在不违背诚信原则和道德标准的前提下获得应得的利益，才能确保事业的稳定和持久（唐衍军，2018）。讲求诚信意味着个人可能会有短暂的损失，然而为了自身品德的提高以及行业声誉，需要将诚信作为注册会计师行业的基本职业准则。注册会计师应讲诚信、重道义，树立正确的人生观、价值观和职业观，应以诚实诚信的态度面对被审计单位管理者及相关人员，以取得被审计单位及社会公众的充分信赖。注册会计师行业应以中华优秀传统文化为参照，打造行业诚信文化，在为审计师职业道德培育指引正确方向的同时，也塑造和提升行业的声誉和美誉度。

（4）构建校所协同育人机制，提高审计行业人才素质

注册会计师行业是典型的知识资本密集型行业，从业人员的知识和技

能对于提高审计质量与行业声誉尤为重要。根据本书的理论与实证研究的结论，审计师所接受的高层次教育对其职业能力的形成与发挥起着重要作用，也有利于其后续业务知识的获取和经验技能的培养，进而有助于提高审计执业质量。重视对未来审计人才职业道德、职业能力以及职业素养的培育，为社会输送更多的高素质审计人才，是高等院校特别是财经类院校服务经济建设的一项重要职能（李海洲和唐衍军，2017）。本书建议高等财经院校与注册会计师行业在人才培养方面构建协同育人机制，从以下几个方面着手培养高素质的审计行业人才：

第一，优化课程体系，提升职业素养。审计人才职业素养的塑造和培养应植根于专业教育的坚实土壤之中，将课程教学作为审计人才素质培养的主要渠道。通过整合会计教育、研究和实践，改革会计高等教育专业课程设置、教材内容和教学手段（孙峥和李增泉，2014）。高等财经院校审计专业的课程设置应系统地安排理论讲授课和实验实训课，建立并完善知识和素质培养并重的课程体系。审计专业的课程体系应包含学科基础课、专业必修课、专业选修课以及专业实践课四个重要部分。除开设会计、审计专业课程以外，还应开设相关的专业必修课，如哲学、经济学、管理学、统计学、财经法规、财政学、金融学等。专业选修课可以包括逻辑学、组织行为学、市场营销学、资产评估学、电子商务等。审计人才职业素养的培养是一项系统工程，仅靠理论课程的教学难以支撑。高等财经院校需要在课程建设的同时，开设审计专业实验室，安排审计实务界人士兼职教学，将专业课与实验实训课统筹安排，形成丰富的教学内容体系，有助于培养学生的创新精神和善于发现问题的能力，从而提高学生的职业素养。完善知识和素质培养并重的课程体系，可以使得学生在专业知识上有收获，在专业技能上有提升，进而内在地提高其价值操守和职业素养。

第二，重视实践教学，提高职业能力。只有在实践中学习和感受审计执业过程中的真、善、美，才能更好地使学生树立对实践智慧的追求，培养求真务实的职业品格和较高的职业能力。将审计人才职业技能的培养融于实践教学，是培养适应未来经济社会发展的审计人才的最佳途径。高等财经院校的审计人才教育要加大实践教学的力度，实现基于工作过程、案例推演、角色扮演以及理论与实训融合等以技能培养为主的教学模式。这一教学模式可以通过课堂案例教学、校内模拟实训和校外基地实习三个途径来实现。课堂案例教学模式有助于培养学生分析问题和解决问题的能力，从而提高学生的决策能力和职业判断能力。同时案例教学也是进行职业道德教育的有效方式，围绕与审计相关的社会热点道德问题进行案例讨论，有助于加深学生对会计职业道德的多视角认识，提高学生的职业道德判断能力。审计模拟实训有助于加强理论与实践之间的联系，锻炼学生的实践操作技能和综合分析能力，使其在较短的时间内掌握审计的基本方法和技能，培养审计职业思维，以具备审计专业人才素质。建立企业、会计师事务所等多种类型的长期合作实践基地，将现代学徒制融入审计人才职业技能的培养，是审计人才教育中的一个亟待加强的环节。

第三，强化校所合作，实现协同育人。面向职业能力和素质培养的审计人才教育，可以探索构建与人才供给侧和需求侧互动的协同育人模式。协同育人模式要求高校与生源的供给侧和毕业生的需求侧进行有效互动，建立招生、培养和就业全过程中的学校和会计师事务所协同育人长效机制。审计人才培养中的协同育人人才培养体系可以由以下几个环节入手进行构建：其一，高校需要与会计师事务所之间加强互动，邀请审计职业界人士参与审计人才培养目标和培养标准的制定。其二，可以尝试建立由审计行业专家组成的课程设置、评价调整和退出机制，面向需求单位培养更多具有竞争优势的技能型和高素质审计人才。其三，探索实行双导师制。在专业课教师担任实践教学导师的同时，聘请联合办学的会计师事务所的专业人士担任导师。双导师制结合了传统师徒制的经验优势以及现代教育的效率优势，是培养复合型审计人才职业的一个重要途径。

主要参考文献

[1] 陈高才，吕建玲，王忠谦，等. 会计师事务所知识管理问题的解析和模式创新研究 [J]. 会计研究，2013 (5)：87-95.

[2] 陈和，蔡晓珊，隋广军. 专业服务企业研究：知识经济背景下的重要议题 [J]. 社会科学，2014 (11)：59-68.

[3] 陈和，隋广军. 合伙制人力资本密集型企业研究：一种古老治理模式的复兴 [J]. 南京社会科学，2011 (6)：57-63.

[4] 陈毓圭. 专业服务业的成长与会计服务示范基地建设 [J]. 中国注册会计师，2016 (2)：5-11.

[5] 陈毓圭. 大力提升会计人才的胜任能力 [J]. 中国注册会计师，2015 (7)：5-7.

[6] 邓玉林，王文平，达庆利. 基于可变风险偏好的知识型员工激励机制研究 [J]. 管理工程学报，2007 (2)：29-33.

[7] 丁利，李明辉，吕伟. 签字注册会计师个人特征与审计质量——基于2010年上市公司数据的经验研究 [J]. 山西财经大学学报，2012 (8)：108-116.

[8] 冯天学. 企业知识资本视角下的客户资本及其价值来源 [J]. 学术交流，2011 (2)：75-77.

[9] 傅绍正，毕晓方，张俊民. 会计师事务所组织形式、盈余管理与IPO折价 [J]. 财经理论与实践，2016 (3)：45-51.

[10] 龚启辉，李志军，王善平. 资源控制权与审计师轮换的治理效应 [J]. 审计

研究，2011（5）：73-81.

［11］郭丹. 特殊普通合伙制下注册会计师法律责任确认与承担的几个关键问题［J］. 中国注册会计师，2012（3）：118-122.

［12］何琳洁，贺辰衎，李吟月. 会计师事务所转制对审计质量的影响效应——基于A股上市公司的实证分析［J］. 湖南农业大学学报：社会科学版，2017（10）：81-86.

［13］韩维芳. 审计风险、审计师个人的经验与审计质量［J］. 审计与经济研究，2017（3）：35-45.

［14］胡春晖，张金昌. 基于“人”、“物”耦合度的人本成本核算法［J］. 会计研究，2015（11）：20-26.

［15］黄洁莉. 英、美、中三国会计师事务所组织形式演变研究［J］. 会计研究，2010（7）：65-72.

［16］纪益成. 会计师事务所合伙制问题研究［J］. 会计研究，2000（4）：57-59.

［17］蒋尧明，李奉林. 审计报告真实性认定——基于会计师事务所组织形式的分析［J］. 学术论坛，2015（9）：39-42.

［18］蒋尧明，唐衍军. 会计事务所人力资本、进入权与审计质量［J］. 会计研究，2016a（8）：87-95.

［19］蒋尧明，唐衍军. 会计事务所的执业特征、智力资本与治理机制［J］. 当代财经，2016（10）：109-118.

［20］蒋尧明，唐衍军. 事务所转制、法律风险与审计质量［J］. 商业经济与管理，2015（12）：61-68.

［21］孔宁宁，李雪. 制度环境、会计师事务所转制与审计质量［J］. 审计与经济研究，2016（2）：33-41.

［22］雷宏振，王盼. 基于“进入权激励”的知识——资本剩余索取权混合契约分析［J］. 当代经济科学，2011（3）：19-25.

［23］李海洲，唐衍军. “工匠精神”视阈下的审计人才培养［J］. 中国注册会计师，2017（11）：80-82.

［24］李璐，万怡，杨敬静. 事务所转制、审计师声誉与IPO市场反应——基于审计需求方视角［J］. 审计与经济研究，2017（5）：20-29.

［25］李四海，江新峰，宋献中. CFO专业背景与交易性金融资产投资［J］. 世界经济文汇，2017（5）：91-116.

［26］刘成立，张继勋. 时间压力下的注册会计师判断绩效［J］. 税务与经济，2008（3）：47-51.

［27］刘启亮，唐建新. 学习效应、私人关系、审计任期与审计质量［J］. 审计研究，2009（4）：52-64.

［28］刘笑霞，李明辉. 会计师事务所人力资本特征与审计质量——来自中国资本市场的经验证据［J］. 审计研究，2012（2）：82-89.

［29］刘笑霞，李明辉. 会计师事务所人力资本特征对审计延迟的影响［J］. 经济管理，2016（1）：116-126.

［30］逯颖. 会计师事务所组织形式对审计质量的影响［J］. 审计与经济研究，2008，（6）：47-53.

［31］罗春华，唐建新，王宇生. 注册会计师个人特征与会计信息稳健性研究［J］. 审计研究，2014（1）：72-78.

［32］吕佳，陈万明，彭灿. 主动遗忘、知识治理与企业突破式创新——环境动荡性的调节作用［J］. 科技进步与对策，2017（21）：103-110.

［33］吕景胜. 我国中小企业法律风险实证研究［J］. 中国软科学，2007（5）：105-111.

［34］吕康敏，冯丽丽. 媒体报道、职业能力异质性与审计质量［J］. 审计研究，2017（3）：74-51.

［35］漆江娜，陈慧霖，张阳. 事务所规模、品牌、价格与审计质量——国际“四大”中国审计市场收费与质量研究［J］. 审计研究，2004（3）：59-65.

［36］宋衍蘅，肖星. 监管风险、事务所规模与审计质量［J］. 审计研究，2012（3）：83-89.

［37］孙立新. 员工知识资本的模式构建研究［J］. 现代管理科学，2013（4）：118-120.

［38］孙岩，贾万聪. 基于价值观建构的审计师职业怀疑形成机制研究——对会计师事务所审计师的调查［J］. 兰州大学学报：社会科学版，

2017（2）：146-157.

［39］孙峥，李增泉．会计高等教育的改革趋势与路径［J］．会计研究，2014（11）：3-16.

［40］谭楚月，段宏．审计质量只能替代吗？——来自实证研究的结论分析［J］．会计研究，2014（7）：89-95.

［41］谭美村，李明辉．会计师事务所组织形式与上市公司过度投资［J］．中国经济问题，2016（1）：82-95.

［42］谭小琴．挑战—重构：知识资本主体性与人的主体性［J］．自然辩证法研究，2015（3）：53-57.

［43］唐衍军．会计师事务所内部治理：理论基础与机制创新［J］．财经理论与实践，2016（6）：61-68.

［44］唐衍军．原型理论视角的会计师事务所治理研究［J］．中国注册会计师，2017（2）：20-24.

［45］唐衍军．合作博弈视角下会计师事务所合伙治理路径［J］．中国审计，2017（4）：31-32.

［46］唐衍军．国家审计人员工匠精神的内涵与文化滋养［J］．财会通讯，2018（1）：108-110.

［47］汤云为．从有限责任到合伙制，我的一点看法［J］．财务与会计，2002（6）：7-9.

［48］王彭果．会计师事务所薪酬体系设计探讨［J］．中国注册会计师，2008（5）：47-51.

［49］王善平．独立审计权责结构研究［M］．北京：中国财政经济出版社，2006：172-182.

［50］王晓珂，王艳艳，于李胜，等．审计师个人经验与审计质量［J］．会计研究，2016（9）：75-87.

［51］吴伟荣，李晶晶，包晓岚．制度背景、审计师特征与审计质量研究［J］．科学决策，2017（7）：68-84.

［52］吴伟荣，刘亚伟．公共压力与审计质量——基于会计师事务所规模视角的研究［J］．审计研究，2015（8）：82-91.

［53］闫焕民．签字会计师个人执业经验如何影响审计质量？——来

自中国证券市场的经验证据［J］. 审计与经济研究，2016（3）：41-52.

［54］谢德仁. 企业的性质：要素使用权交易合约之履行过程［J］. 经济研究，2002（4）：84-92.

［55］耀友福，胡宁，周兰. 审计师变更、事务所转制与股价崩盘风险［J］. 审计研究，2017（3）：97-84.

［56］叶友，赵宏，聂尚君，等. 事务所市场营销理念与客户关系管理探讨［J］. 中国注册会计师，2005（3）：48-51.

［57］余玉苗，陈波. 资产特征、治理结构与会计师事务所组织形式［J］. 审计研究，2002（5）：27-31.

［58］余玉苗，高燕燕. 低质量审计是审计师个人特质导致的特例吗？——基于“污点”签字注册会计师的研究［J］. 审计与经济研究，2016（4）：30-39.

［59］原红旗，韩维芳. 签字会计师的执业特征与审计质量［J］. 中国会计评论，2012（3）：275-302.

［60］张宏亮，文挺. 审计质量替代指标有效性检验与筛选［J］. 审计研究，2016（4）：67-75.

［61］张健，魏春燕. 法律风险、执业经验与审计质［J］. 审计研究，2016（1）：85-93.

［62］张俊生，曾亚敏. 中国本土会计师事务所合并与客户企业可操控性应计［J］. 中国会计与财务研究，2007（3）：85-128.

［63］张兆国，吴伟荣，陈雪茶. 签字注册会计师背景特征影响审计质量研究——来自中国上市公司经验证据［J］. 中国软科学，2014（11）：95-104.

［64］郑素丽，章威，吴晓波. 基于知识的动态能力：理论与实证［J］. 科学学研究，2010（11）：405-412.

［65］郑杨. 会计师事务所转制分析——基于信永中和转制为特殊普通合伙制的思考［J］. 财会通讯，2013（11）：12-14.

［66］朱小平，叶友. 会计师事务所法律组织形式的企业理论观点——为什么应采取合伙制而不应采取有限公司制［J］. 会计研究，2003（7）：42-45.

[67] ALISSA A, CAPKUN V, JEANJEAN T, et al. An empirical investigation of the impact of audit and auditor characteristics on auditor performance [J]. Accounting Organizations and Society, 2014, 39 (1): 495-510.

[68] ASHTON A H. Experience and error frequency knowledge as - potential determinants of audit expertise [J]. The Accounting Review, 1991, 66 (2): 218-239.

[69] BECKER G S. Investment in human capital: a theoretical analysis [J]. Journal of Political Economy, 1962, 70 (5): 9-49.

[70] BILLS K L, CUNNINGHAM L M, MYERS L A. Small audit firm membership in associations, networks, and alliances: implications for audit quality and audit fees [J]. The Accounting Review, 2016, 91 (3): 767-792.

[71] BLOKDIJK H, DRIEENHUIZEN F, SIMUNIC D A, et al. An analysis of cross-sectional differences in big and non-big public accounting firm's audit programs [J]. Auditing: A Journal of Practice &Theory, 2006, 25 (1): 27-48.

[72] BLOUIN J, GREIN B, ROUNTREE B. An analysis of forced auditor change: the case of former Arthur Andersen clients [J]. The Accounting Review, 2007, 82 (3): 621-650.

[73] BROCK D M, LEBLEBICI H, MUZIO D. Understanding professionals and their workplaces: the mission of the journal of professions and organization firm [J]. Journal of Professions and Organization, 2014, 58 (1): 1-15.

[74] CARAMANIS C, LENNOX C. Audit effort and earnings management [J]. Journal of Accounting and Economics, 2008, 45 (1): 116-138.

[75] CAREY P, SIMNETT R. Audit partner tenure and audit quality [J]. The Accounting Review, 2006, 81 (3): 653-676.

[76] CASTRO G M, DELGADO-VERDE M. Assessing knowledge assets in technology-intensive firms: proposing a model of intellectual capital [J].

Journal of Centrum Cathedra, 2012, 5 (1): 43-55.

[77] CHEN C, LIN C, LIN Y. Audit partner tenure, audit firm tenure, and discretionary accruals: does long auditor tenure impair earnings quality? [J]. Contemporary Accounting Research, 2008, 25 (2): 415-445.

[78] CHEN F, PENG S, XUE S, et al. Do audit clients successfully engage in opinion shopping: partner-level evidence [J]. Journal of Accounting Research, 2016, 54 (1): 79-112.

[79] CHEN S, SUN S, WU D. Client importance, institutional improvements, and audit quality in china: an office and individual auditor level analysis [J]. The Accounting Review, 2010, 85 (1): 127-158.

[80] CHI W E, DOUTHETT B, LISIC L L. Client importance and audit partner independence [J]. Journal of Accounting and Public Policy, 2012, 31 (3): 320-336.

[81] CHI W H, HUANG Y, LIAO Y, et al. Mandatory audit partner rotation, audit quality, and market perception: evidence from Taiwan [J]. Contemporary Accounting Research, 2009, 26 (2): 359-391.

[82] CHIN C, CHI H. Reducing restatements with increased industry expertise [J]. Contemporary Accounting Research, 2009, 26 (3): 729-765.

[83] CHO M, KI E, KWON S Y. The effects of accruals quality on audit hours and audit fees [J]. Journal of Accounting, Auditing & Finance, 2017, 32 (3): 372-400.

[84] CHOI J, KIM C, ZANG Y. Audit office size, audit quality, and audit pricing [J]. Auditing: A Journal of Practice and Theory, 2010, 29 (1): 73-97.

[85] DEFOND M L, WONG T J, LI S. The impact of improved auditor independence on audit market concentration in China [J]. Journal of Accounting and Economics, 2000, 28 (3): 269-305.

[86] EARLEY C E. The differential use of information by experienced and novice auditors in the performance of ill-structured audit tasks [J].

Contemporary Accounting Research, 2002, 19 (4): 595-614.

[87] EDVINSSON L. Intellectual capital: realizing your company's true value by finding its hidden brain power [M]. New York: Harper Collins, 1997: 358-373.

[88] EMPSON L, MUZIO D, BROSCHAK J, et al, . Researching professional service firms: an introduction and overview [R]. NBER Working Paper CPSF-012: 2015.

[89] FIRTH M P, MO LL, WONG R M K. Auditors' organizational form, legal liability and reporting conservatism: evidence from China [J]. Contemporary Accounting Research, 2012, 29 (1): 57-93.

[90] FORESTER W, WONG T J, ZHANG T, et al. Does institutional knowledge drive the information wedge in emerging markets? Evidence from analysts of local and foreign brokerage firms in China [R]. NBER Working Paper: 2017.

[91] FOSS N J, LYNGSIE J, ZAHRA S A. The role of external knowledge sources and organizational design in the process of opportunity exploitation [J]. Strategic Management Journal, 2013, 34 (12): 1453-1471.

[92] FRANCIS J R. Framework for understanding and researching audit quality [J]. Auditing: A Journal of Practice and Theory, 2011, 30 (2): 125-152.

[93] FRANCIS J R., YU M D. Big 4 office size and audit quality [J]. The Accounting Review, 2009, 84 (5): 1521-1552.

[94] FRANCIS J R., WANG D. The joint effect of investor protection and big4 audits on earnings quality around the world [J]. Contemporary Accounting Research, 2008, 25 (1): 157-191.

[95] GALBRATITH J K. The new industrial state [M]. Boston: Houghton Mifflin, 1969: 8-10.

[96] GREENWOOD R, HININGS C R. Organizational design types, tracks and the dynamics of strategic change [J]. Organization Studies, 2003,

9 (3): 293-316.

[97] GREENWOOD R, LI S X, PRAKASH R, et al, .Reputation, diversification and organizational explanations of performance in professional service firms [J]. Organizational Science, 2005, 19 (6): 661-673.

[98] GREENWOOD R, HININGS C R, WHETTEN D. Rethinking institutions and organizations [J]. Journal of Management Studies, 2014, 51 (7): 1206-1220.

[99] GUL F, FUNG S, JAGGI B.Earnings quality: some evidence on the role of auditor tenure and auditors' industry expertise [J]. Journal of Accounting and Economics, 2009, 47 (3): 265-287.

[100] GUL F S, SUN Y J, TSUI J S L.Tracks: audit quality, earnings, and the Shanghai stock market reaction [J]. Journal of International Accounting, Auditing and Taxation, 2003, 18 (3): 411-427.

[101] HYATT T A, PRAWITT D F. Does congruence between audit structure and auditors' locus of control affect job performance? [J]. The Accounting Review, 2001, 76 (2): 263-274.

[102] KACHELMEIER.Introduction to a forum on individual differences in accounting behavior [J]. The Accounting Review, 2010, 85 (4): 1127-1128.

[103] KE B, LENNOX C S, XIN Q. The effect of China's weak institutional environment on the quality of big four audits [J]. The Accounting Review, 2015, 90 (4): 1591-1619.

[104] KHURANA I K, RAMAN K K. Litigation risk and the financing reporting credibility of big 4 Vs non-big 4 audits evidence from Anglo-American countries [J]. The Accounting Review, 2004, 79 (2): 473-495.

[105] KOTHARI S P, LEONE A J, WASLEY C E. Performance matched discretionary accrual measures [J]. Journal of Accounting and Economics, 2005, 39 (1): 163-197.

[106] LENNOX C. Do companies successfully engage in opinion-shopping: evidence from the UK [J]. Journal of Accounting and Economics,

2000，29（3）：321-337.

［107］ LEVIN J，TADELIS S.Profit Sharing and the Role of Professional Partnerships ［J］. Quarterly Journal ofEconomics，2005，120（1）：131-171.

［108］ Li L，QI B，TIAN G.The contagion effect of low-quality audits at the level of individual auditors ［J］. The Accounting Review，2017，92（1）：137-163.

［109］ LIBBY R，FREDERICK D M.Experience and the ability to explain audit findings ［J］. Journal of Accounting Research，1990，28（2）：348-367.

［110］ LISA G. Power of collaboration among CPA auditors to improve audit quality ［J］. Journal of Pension Benefit，2017，12（3）：3-10.

［111］ LOW K. The effects of industry specialization on audit risk assessments and audit-planning decisions ［J］. The Accounting Review，2004，79（1）：201-219.

［112］ MYERS J，MAYERS L，OMER T. Exploring the term of the auditor-client relationship and the quality of earnings： a case from mandatory auditor rotation ［J］. The Accounting Review，2003，78（3）：779-799.

［113］ NAGY A. Mandatory audit firm turnover， financial reporting quality， and client bargaining power： the case of Arthur Andersen ［J］. Accounting Horizons，2005，19（2）：51-68.

［114］ PALMROSE Z. An analysis of auditor litigation and audit service quality ［J］. The Accounting Review，1988，63（1）：55-73.

［115］ PENDARIES M，CASTANEFA H. Assessing trust capital in a potential technological co-innovation partnership ［J］. International Journal of Business and Economics，2015，14（2）：145-157.

［116］ PRENCIPE A，TELL F. Inter-project learning： processes and outcomes of knowledge codification in project-based firms ［J］. Research Policy，2001，5（9）：1373-1394.

［117］ RAMSAY R J. Senior manager differences in audit working paper review performance [J]. Journal of Accounting Research, 1994, 32 (1): 127-135.

[118] REICHELT K, WANG D.National and office-specific measures of auditor industry expertise and effects on audit quality [J]. Journal of Accounting Research, 2010, 48 (3): 647-686.

[119] ROWLEY J E.Reflections on customer knowledge management in e-business [J]. Qualitative Market Research, 2002, 13 (5): 268-280.

[120] SAROWAR H, YAZAWA K, MONROE G S. The relationship between audit team composition, audit fees, and quality [J]. Auditing: a Journal of Practice & Theory, 2017, 36 (3): 115-135.

[121] SCARBROUGH H. Knowledge as work: conflicts in the management of knowledge workers [J]. Technology Analysis & Strategic Management, 1999, 1 (1): 5-16.

[122] SEABROOK L. Epistemic arbitrage: transnational professional knowledge in action [J]. Journal of Professions and Organization, 2014, 13 (1): 49-64.

[123] SEILER M J, SEILER V L, LANE M.Mental accounting and false reference points in real estate investment decision making [J]. Journal of Behavior Finance, 2012, 13 (1): 17-26.

[124] SENIOR N W.Instrument of production and capital [M]. London: George Allen and Unwin, LTD, 1836: 57-60.

[125] Skjølsvik, SKJøLSVIK T, PEMER F, LøWENDAHL B R. Strategic management of professional service firms: reviewing ABS journals and identifying key research themes [J]. Journal of Professions and Organization, 2017, 20 (4): 203-239.

[126] STEVEN F, SUN C J.The effect of audit experience on audit fees and audit quality [J]. Journal of Accounting, Auditing & Finance, 2015, 30 (1): 78-100.

[127] STEWART T A.Your company's most valuable asset: intellectual capital [J]. Fortune, 1994, 130 (7): 68-73.

［128］ SUSENO Y，PININGTON A H.The war for talent：human capital challenges for professional service firms ［J］. Asia Pacific Business Review，2017，23（2）：205-229.

［129］ SVEIBY K E，RISLING A. The know-how company ［M］. Swedish：Liber，1986：5-8.

［130］ SWART J，KINNIE N. Managing multidimensional knowledge assets：HR configurations in professional service firms ［J］. Human Resource Management Journal，2013，56（2）：160-179.

［131］ TAYLOR S D. Does audit fee homogeneity exist：premiums and discounts attributable to individual partner ［J］. Auditing：A Journal of Practice and Theory，2011，30（4）：249-272.

［132］ TEEE D J. Capturing value from knowledge assets：the new economy，markets for know-how，and intangible assets ［J］. California Management Review，1998，40（2）：55-79.

［133］ WANG Y，YU L，ZHAO Y. The association between audit-partner quality and engagement quality：evidence from financial report misstatements ［J］. Auditing：A Journal of Practice and Theory，2015，34（3）：81-111.

索引

后记

光阴荏苒，岁月如梭。慨叹岁月蹉跎，感谢相遇相知。

言之谆谆，意之殷殷。蒋尧明老师不仅是我学业上的导师，更是我人生道路的指引者。蒋老师以严谨的治学态度给予我启迪，以精深的学术造诣指引我前行的方向，蒋老师光明磊落、高情远致的品格更为我的人生树立了楷模。本书从选题立意到最终定稿，都倾注了蒋老师的智慧、心血与汗水。正是有了蒋老师的倾心指导，我才能最终克服写作中的种种困难完成本书。感谢张蕊老师、章卫东老师、刘骏老师、邹玲老师、廖义刚老师对本书提出的中肯意见。本书在写作过程中还得到了荣莉老师、彭晓洁老师、曹玉珊老师、袁业虎老师等的建议和无私帮助。

饮水思源，难忘旧师恩。能够在会计学术殿堂的门廊下徘徊，硕士生导师蔡吉甫老师是我的首位向导。蔡老师宅心仁厚、诲人不倦，对我的天资驽钝予以了极大的宽容，充分践行了有教无类的教育理念。谢盛纹老师也未尝鄙夷我的无知，曾拨冗给予无私指导，师风长存。硕士和博士学习阶段，有幸多次聆听万树平、陶长琪、柳键、梅国平、陈富良、王小平、胡大立、吕江林、曹俊文、汪洋、凌爱凡、许统生等老师所讲授的精彩课程。我的鲁莽和懵懂能够得到大师们的谅解及同施仁爱，实乃三生有幸，对在校外培训和文章审阅过程中老师们的辛勤付出，致以诚挚的谢意。

海内存知己，天涯若比邻。闫焕民博士、刘杨晖博士、张雪华博士、赵建彬博士、肖挺博士等好友一直给予我支持和鼓励，你们的钻研精神和骄人成绩也值得我学习且令我钦佩。与肖洁、于海燕、王清、罗希、付春等同学和好友之间的交往非常愉悦。和赖妍、陈力维、李南海、黄一松、蒋煦涵、王洋洋、王信平等学弟学妹们之间的交流，也让我受益良多。感谢在蹉跎岁月、颠沛流离之际给予我精神支持的宋来良兄长和王淑旺同学。早年数次以“梦想”为借口进出深圳与合肥，对我的逆风而行你们一直予以谅解、支持和鼓励，现今远在上海和合肥的你们，可否继续给予我在南昌“老骥伏枥”的精神动力？

慈母手中线，游子身上衣。少时对母亲念叨这些老掉牙的诗甚是抵触，而今父亲在视频时不敢离屏幕太近以免脸上的皱纹将孙女吓哭，才终于对“子欲养而亲不待”心生感触。有段时间我在家时间多些，女儿学会了说“爸爸妈妈吃饭”，一到饭点就扯着稚音嚷嚷，听她妈说后来只听到一个人应声她的表情甚是失落。追逐自己梦想的同时也意味着将部分责任推脱给家人，我心怀愧疚。世界上有不会失去的东西吗？我相信有，你也相信吧。而我始终认为，一句很老的现代诗更值得拿来共勉——为什么我的眼里常含泪水？因为我对这土地爱得深沉……

唐衍军

2020年1月